© 2018 Jörg Heiden
Illustration: Norbert Lueg, Essen
Gestaltung und Satz: Feico Derschow, München
Herstellung und Verlag: BoD- Books on Demand, Norderstedt
ISBN 978-3-8423-1977-6

JÖRG HEIDEN

S
A
L
E

VERKAUFEN MIT WORTEN

DAS WERBE-TEXT-SYSTEM

1: **DIE GRUNDLAGEN**

2:   **DAS SYSTEM**

HILFE ZUR SELBST-HILFE

Kann man das Texten per System lernen? Werben ist doch kreativ, was hat das mit Systematik zu tun? Meine Antwort brauchte 30 Jahre. In dieser Zeit habe ich viel gelernt über das Verkaufen mit Worten.

Meine Schule war und ist die Werbung, eine Branche unter ständigem Zeitdruck. Auch wenn ein Text jahrelang überzeugen soll, gibt man ihm für die Geburt höchstens zwei Tage. Meistens nur zwei Stunden.

Es gibt erfahrene Texter, die mit solchen Situationen locker umgehen. Durch Intuition und Talent finden sie eigene Wege zu passenden Worten. Oft ist auch Glück im Spiel, ob ein Text genommen wird oder nicht. Denn kaum eine andere Branche ist so subjektiv wie die Werbung, weil es um Sprache geht.

„Jeder meint, weil er spricht, über Sprache sprechen zu können" wusste schon Goethe. Kunst und Gestaltung wird mit Vorsicht besprochen, weil man Angst hat, Falsches zu sagen, oder zu wenig Ahnung und Talent vermutet, um es besser zu machen. Aber bei den Worten darf und kann jeder ein Wörtchen mitreden. Deshalb ist das Bauchgefühl niemals so aufgebläht wie bei der Bewertung von Werbe-Texten.

Literatur, wie von Goethe, ist über jeden Zweifel erhaben – vielleicht liest den Text sowieso niemand. Aber sobald ein paar

Euro für die kommerzielle Verbreitung von Texten ins Spiel kommen, nimmt sich jeder wichtig und meint, sicher zu wissen, wie man Menschen mit Worten für etwas gewinnt. Denn bisher haben Texte wie „Alle sofort ins Meeting kommen!" doch gut funktioniert. Da bekommt man wohl auch ein paar Werbeworte hin.

Wie tanzt man als Texter durch diesen Spießrutenlauf des Halbwissens und der „gut gemeinten" Ratschläge? Wie schafft man es, trotz aller Besserwisser, mit Sicherheit einen Text zu schreiben, der gerne gelesen wird und sein Ziel erreicht – den Verkauf von Angeboten?

Bücher wurden bereits zu diesem Thema geschrieben, und immer ähnelt die „Hilfe": Man bekommt einen Bauchladen an Möglichkeiten, was man alles mit Sprache machen könnte, liest viel über Stilistik, aber selten findet man einen konkreten „Fahrplan", was man immer wieder Schritt für Schritt machen muss, um Erfolg beim Leser zu haben.

Diese Texter-Fibel möchte Sie nicht mit Marketing-Wissen oder Lehrbuch-Theorien belasten. Sie bekommen auch keine Vorschläge für „kreatives Schreiben" oder für die „SEO-Optimierung" Ihrer Texte. Es gibt auch keinen Baukasten mit Phrasen, die Sie vielleicht irgendwann einmal für einen Ihrer Texte übernehmen können. Denn was nützen die schönsten Vorlagen und Stil-Blüten, wenn Sie nicht zu Ihrem nächsten Text passen?

Sobald Sie unter Stress Texte schreiben sollen, die motivieren und verkaufen müssen, brauchen Sie eine zuverlässige Methodik im Vorgehen, die immer und immer wieder funktioniert. Hilfreich ist dann ein Filter zum Ordnen Ihrer Gedanken und Worte, ein bewährtes System, das Ihnen die Angst vor leeren Seiten nimmt und Sie beruhigend und sicher ans Ziel führt.

Dieses System liegt nun vor Ihnen. Es ist die Essenz meiner Erfahrungen aus vielen Jahren Überzeugungsarbeit für große und kleine Agenturen, Marken, Etats und Projekte und basiert auf der Erkenntnis, dass erfolgreiche Werbe-Texte seit ewigen Zeiten nach dem gleichen Schema funktionieren: Es beginnt mit dem Spüren eines Problems beim Leser, bietet dann ein Agieren als Lösung an, um danach Fakten der Lieferung zu nennen, die dabei helfen, einen positiven Effekt zu Erzielen.

Die fett gedruckten Anfangs-Buchstaben ergeben das Wort SALE, als Namensgeber für mein Werbe-Text-System. Die Fibel hat daraus eine, für Sie hoffentlich nützliche Hilfe zur Selbst-Hilfe entwickelt, mit der Sie leichter nach passenden Worten suchen.

Auf der letzten Seite dieser Fibel finden Sie das System in kompakter Form als Spick-Zettel. Kopieren Sie die Seite oder setzen Sie sich ein Lesezeichen, damit Sie die Formel während der Lektüre und in Ihrem Text-Alltag immer als Orientierung parat haben.

Zunächst werde ich Sie über ein paar grundlegende Gedanken zu dem System führen und Ihnen dann Schritt für Schritt jede Station erklären, bis ich zum Schluss das System in Beispielen für Sie anwende.

Das SALE-System hat keinen Anspruch auf Alleingültigkeit. Es gibt immer „viele Wege nach Rom". Das System ist auch keine Hilfe, wenn Sie Tipps zum Stil Ihrer Texte erwarten. Stil ist immer relativ. Sie haben Ihren eigenen Wortschatz, der im Laufe der Jahre gewachsen ist. Das System möchte Ihnen nur dabei helfen, diesen Wortschatz effektiver „anzuzapfen" und für Ihre Ziele zu nutzen.

Auch Grafiker, Berater, Marketing-Manager, Vertriebs-Mitarbeiter und alle Menschen, die überzeugen müssen, werden mit dem System leichter ans Ziel kommen. Ob im Privaten oder im Geschäftsleben, ob Sie Ihren Lebens- oder Geschäfts-Partner gewinnen möchten, Ihre Kunden oder Ihren neuen Arbeitgeber, ob Sie per Mail texten oder per Mailing, Anzeige, Newsletter, Prospekt, Social-Media, Homepage, Liebes- oder Bewerbungs-Brief: Wenn Sie das System einmal verinnerlicht haben, werden Sie in allen Situationen Ihres Lebens sich und Ihre Botschaften besser verkaufen.

Sie brauchen für den Einsatz in der Praxis vier Stunden Lesezeit und etwas Geduld bei Ihren ersten Solo-Versuchen. Talent ist dabei unwichtig. Es hilft und kann aus Rohtexten Perlen der Kommunikation schleifen. Das Einzige, was Sie wirklich brauchen, ist die richtige Einstellung zu Ihrer Arbeit als Texter. Denn Texten ist keine Zauberei, sondern ein Handwerk, das jeder lernen kann - wenn er oder sie es will.

Obwohl ich weiß, dass die meisten Leser/-innen der Fibel und Teilnehmer/-innen meiner Seminare Frauen sind, bitte ich Sie bereits jetzt zu entschuldigen, dass ich meistens nur die männliche Form der Begriffe „Texter" und „Leser" nutze.In meinen Augen erleichtert es den Lesefluss, wenn wir – wie in der englischen Sprache – die Begriffe nur auf die männliche Form reduzieren: „writer" = „Texter" und „reader" = „Leser".

Außerdem bitte ich Sie um Ihr Verständnis, dass die Schlüssel-Worte Spüren, Agieren, Liefern, Erzielen immer mit einem Großbuchstaben beginnen - auch wenn Sie im Satz als Verben genutzt werden.

Fast alle Teilnehmer meiner Text-Seminare haben in den letzten 20 Jahren mit dem SALE-System als Hilfe beim Texten mehr Umsatz oder Response erzielt. Viele sind damit auch zu neuen Jobs gekommen. Aber vor allem hat jeder mehr Sicherheit beim Schreiben bekommen – und bei der Beantwortung der Frage, ob Texten systematisch lernbar ist.

Ich wünsche Ihnen mindestens genauso viel Erfolg auf Ihren ganz persönlichen Wegen zu Texten, die verkaufen. Haben Sie dabei keine Angst vor leeren Seiten. Auch ich beginne heute immer noch jeden Text mit dem Gefühl, vor einer steilen Bergwand zu stehen.

Doch wenn ich mit der Hilfe des Systems die Zwischen-Stopps für den Klettersteig markiert habe und mich dann eine schlüssige Gedanken-Kette über den Berg führt, weckt das immer wieder ein Glücks-Gefühl für meinen Beruf, der so unvergleichbar ist, wie der Blick vom Gornergrat zum Matterhorn.

WERBEN IST MENSCHLICH

„Die Werbung begann vor 1,5 Milliarden Jahren mit den Pro-karyonten, die als erste auf unserem Planeten Sexuallock-stoffe ausstießen." Sehen Sie das Werben um Menschen und Meinungen so entspannt wie Walter Lürzer, einer der großen Werber Europas.

Sie müssen Freude und Lust am Verkaufen und Überzeugen haben, sonst wird es schwer für Sie und Ihre Texte. Denn das Verkaufen mit Worten hat wenig mit Talent und Inspiration zu tun, aber viel mit Geld und Transpiration. Texten kostet Zeit und Geld. Bei der Vorbereitung, beim Recherchieren, Schreiben und Korrigieren. Mindestens diesen Aufwand muss der Text vergüten, doch meistens soll er Geld vermehren.

Texter zu werden heißt vor allem Verkäufer zu werden. Wenn es für Sie aufdringlich ist, Menschen zu umwerben und zu ge-winnen, wenn Sie glauben, dass Texten „kreatives Schreiben" und „flotte Sprüche" bedeutet, dann schreiben Sie einen nicht-kommerziellen Blog. Dort ist es egal, ob man Sie mag oder versteht.

Aber wenn Sie mehr gewinnen möchten, als oberflächliche „Likes" und Lacher, wenn Sie für Ihre Text-Arbeit eine Rechnung schreiben müssen oder in Ihrer Karriere weiterkommen wollen als bis zur nächsten Praktikanten-Stelle, dann sollten Sie damit beginnen, das Texten als Geschäft zu sehen. Und ein Text ist umso wertvoller, je mehr Geld damit verdient werden kann.

Geld hat viel mit Vertrauen zu tun. Wenn Sie Leser dafür gewinnen möchten, Geld für Ihr Angebot auszugeben, dann muss zuvor Vertrauen entstehen. Denn Vertrauen ist der Anfang von allem.

Das Vertrauen Ihrer Leser gewinnen Sie, indem Sie zunächst an die Leser denken statt an sich oder Ihren Auftraggeber. Das klingt selbstverständlich, wird aber in den meisten Fällen übersehen. Wir leben in einer Ego-Gesellschaft. Jeder denkt vor allem an sich, an seine Wünsche.

Deshalb beginnen auch die meisten Briefings und Text-Vorgaben mit „Wir": „Wir wollen mehr Umsatz", „Wir wollen folgende Botschaft den Menschen bekannt machen", „Wir wollen einen Weg finden, wie wir uns besser präsentieren können". Danach ist klar, dass auch der Text viel vom „Wir"-Gefühl des Absenders enthalten wird.

Doch es gibt wichtigere und interessantere Neuigkeiten als Ihren „Wir"-Text: E-Mails, Briefe, Excel-Tabellen, Internet-Seiten, Fach-Artikel, Nachrichten von Twitter, Instagram, WhatsApp, Facebook & Co. warten rund um den Schreibtisch auf eine Antwort. Inmitten dieser täglichen Informations-Flut schwimmen Millionen von Werbebotschaften ums Überleben.

Langweilen Sie deshalb niemals am Text-Anfang mit Selbstgesprächen. E-Mails oder Briefe, die mit „Ich" oder „Wir" beginnen, sind nicht nur unhöflich, sondern zeigen sofort, dass Sie eigentlich kein Interesse am Leser haben. Denken Sie lieber daran, was Ihre Leser interessiert. Schaffen Sie Nähe, Verständnis, Gemeinsamkeit. Beginnen Sie Ihren Text im Leben Ihres Lesers. Er muss erkennen, dass Sie ihn erkannt und verstanden haben, damit er für den Rest des Textes offen ist. Denn Werbung verkauft keine Fakten. Werbung schmiedet Beziehungen!

Diese Taktik nutzen auch Jugendliche, die ihr Taschengeld aufbessern möchten. Die wissen oft instinktiv besser als mancher Marketing-Guru, wie der systematische Einsatz von Worten zum gewünschten, oft monetären Ziel führt, z.b. dem Vater 10 € fürs Rasenmähen zu entlocken:

„Der Rasen ist ja ziemlich lang geworden. Man müsste ihn mal mähen, bevor sich die Nachbarn wegen dem Unkraut beschweren. Aber jetzt liegst du gerade so schön in der Sonne. Ich mähe den Rasen für dich. Für nur 10 € Taschengeld hole ich den Rasenmäher aus der Garage, suche nach der Verlängerungsschnur für den Strom und mähe die ganze Fläche zwischen Apfelbaum und Tannenhecke auf Golfrasenhöhe. Zum Schluss stelle ich alles wieder frisch gereinigt dorthin, wo es war. Dann hast du am Ende einen schönen Rasen, der die Nachbarn beeindruckt und kannst weiter entspannt in der Sonne liegen."

Und wenn der kleine Geschäftsmann besonders clever ist, ergänzt er als „Verstärker-Angebot": „Und für nur 5 € mehr zupfe ich dir auch noch das Unkraut."

Oder möchten Sie heute Abend Ihren Partner für einen Besuch beim Thailänder gewinnen, statt wieder ins Brauhaus zu gehen? Vielleicht verkaufen Sie die Zieländerung dann instinktiv mit dem gleichen System, wie der Junge bei seinem Vater:

„Das Jägerschnitzel im Musterbräu ist ja ab und zu ganz nett, aber auch fett. Und muss es immer diese lieblose Tüten-Soße sein? Der neue Thailänder in der XY Straße bereitet alles ganz frisch zu. Mit leichtem Gemüse, feinem Bio-Fleisch und ohne Glutamat. Außerdem ist die Bedienung besonders freundlich. Und alles ist viel preiswerter als im Musterbräu. Komm, ich reserviere uns ein romantisches Plätzchen. Dann machen wir beide mal wieder einen kleinen Urlaub in Thailand."

Verkaufen liegt in der Natur des Menschen. Nennen Sie es überzeugen, werben, argumentieren, der Weg zum Ziel ist immer gleich: eine logische, für den Leser nachvollziehbare Gedanken-Kette. Deren Glieder heißen oft „Problem", „Lösung", „Begründung", „Effekt" und führen in dieser Reihenfolge in Präsentationen und Verkaufsgesprächen zum Erfolg.

Die Idee dieser Fibel ist es, daraus eine Anleitung zum Texten zu machen, ein System, mit dem Sie Schritt für Schritt leichter Texte entwickeln, die Leser überzeugen und gewinnen. Dafür gebe ich den Worten zunächst neue Namen: „Problem" nenne ich Spüren, „Lösung" Agieren, „Begründung" heißt bei mir Liefern und beim „Effekt" nehme ich das ähnliche Wort Erzielen. So entsteht aus den Anfangsbuchstaben der Worte das leicht merkbare Wort SALE.

Es ist Programm und System in einem. Sie bekommen mit dem SALE-System konkrete Hilfe für das gezielte Werben um Menschen, Gefühle und Meinungen, für die Entwicklung von Texten, die zu einer Handlung motivieren. Am Ende zählt nur, ob der Leser Ihnen Ihre Worte „abkauft".

TEXTER SIND HEILS-BRINGER

Sie sind unsicher beim Schreiben und Verbessern von Texten? Das SALE-System macht Sie ohne Vorwissen zum Werbetexter. Denn der Leitfaden führt Sie Schritt für Schritt zu überzeugenden Texten. Damit Sie garantiert leichter texten, werben und verkaufen.

Wenn Sie nun glauben, mit der Lektüre dieser Fibel ein guter Texter zu werden, haben Sie gerade erlebt, wie das SALE-System funktioniert. Denn im Prinzip folgen die ersten vier Sätze dem Leitfaden erfolgreicher Verkaufs-Argumentation: Spüren, Agieren, Liefern, Erzielen, zusammengefasst in den Anfangsbuchstaben: SALE.

Den Anfang bildet dabei der Spüren-Teil, der Sie hoffentlich in Ihrem Leben abholt: „Sie sind unsicher beim Schreiben und Verbessern von Texten?" Wenn Sie als Leser jetzt innerlich zustimmen, sind Sie wahrscheinlich bereit für meine Lösung und den Rest der Argumentations-Kette.

Meine Lösung für Ihr Problem der Text-Unsicherheit beschreibe ich dann kurz und kompakt im Agieren-Satz: „Das SALE-System macht Sie ohne Vorwissen zum Werbetexter." Wer macht was? Subjekt, Prädikat, Objekt. Das Produkt XY macht schön, weise, stark, fit, schlank. Kurz, klar, kompakt: darum geht es in diesem zweiten Agieren-Teil Ihres werbenden Textes.

Diese Lösung bleibt aber nur eine Behauptung, solange die Fakten und Beweise der Lieferung fehlen. Erst damit wird meine „Mission", dass das SALE-System Sie "ohne Vorwissen zum Werbetexter" macht, glaubhaft und überzeugend.

Deshalb kommen im Liefer-Teil die wichtigsten Fakten, Infos, Plus-Punkte, warum das passieren kann, was im Agieren-Satz versprochen wurde, z.B.: „Denn der Leitfaden führt Sie Schritt für Schritt zu überzeugenden Texten."

Zum Schluss fasse ich das bisher Geschriebene in einem Erzielen-Satz zusammen, indem ich Lust auf einen positiven Effekt mache, den Sie als Leser der Fibel nach der Lektüre erwarten können, wie z.B.: „Damit Sie garantiert leichter texten, werben und verkaufen."

Sie erinnern sich an den Jungen, der seinem Vater das Rasenmähen „verkaufen" möchte? Er hat auch zunächst die Gefühle des Vaters zu spüren, der gemütlich auf der Terrasse liegt, aber Angst vor Bemerkungen der Nachbarn hat, über den zu hohen, mit Unkraut bestückten Rasen: „Der Rasen ist ja ziemlich lang geworden. Man müsste ihn mal mähen, bevor sich die Nachbarn wegen dem Unkraut beschweren. Aber jetzt liegst du gerade so schön in der Sonne."

Diese Empathie nutzt der Junge, um Vertrauen aufzubauen, für den folgenden Agieren-Lösungs-Vorschlag: „Ich mähe den Rasen für dich".

Damit diese Hilfs-Aktivität kein leeres Versprechen bleibt, sondern glaubhaft wirkt, muss der Junge dann plausible Fakten und Beweise Liefern. Der Junge listet dazu auf: „Für nur 10 € Taschengeld hole ich den Rasenmäher aus der Garage, suche nach der Verlängerungsschnur für den Strom und mähe die ganze Fläche zwischen Apfelbaum und Tannenhecke auf Golf-rasenhöhe. Zum Schluss stelle ich alles wieder frisch gereinigt dorthin, wo es war."

Am Ende dieser Gedanken-Kette steht dann das „Happy End", die positive Wende des einleitend „erspürten" Nachbarschaft-Problems als Effekt und Nutzen, den das Angebot Erzielen wird. Bei dem Jungen heißt das: „Dann hast du am Ende einen schönen Rasen, der die Nachbarn beeindruckt und kannst weiter entspannt in der Sonne liegen."

Die Vorbilder für diese Art der Werbung mit dem SALE-System finden Sie auch abseits der Werbe-Szene, an den Verkaufs-ständen fliegender Händler oder bei Tupperware-Partys. Auch hier geht es zunächst darum, ein bisheriges Problem so authentisch wie möglich zu beschreiben. Dann kommt der kompakte Lösungs-Satz, der anschließend durch solide Fakten rund um das Angebot zu einer „vernünftigen Entscheidung" wird. Zum Schluss kommt ein kurzer Ausblick darauf, wie sich das Leben für den Kunden mit dem Angebot verbessert.

Oder haben Sie eine Erfindung, die Sie gerne zum Patent anmelden möchten? Das Patentamt braucht dann einen Text von Ihnen, in dem Sie die Neuigkeit Ihrer Idee „verkaufen". Damit der Mitarbeiter des Amtes Spüren kann worum es geht, werden Sie ihm zunächst das Markt-Umfeld beschreiben und erklären, wie schlecht bisher bestimmte Probleme gelöst werden.

Danach fassen Sie kurz zusammen, wie Ihre Idee als Lösung Agieren wird, und beschreiben dann detailliert welche Fakten Sie Liefern, wie Ihre Idee in der Umsetzung aussieht, inklusive technischer Zeichnungen. Zum Schluss verdeutlichen Sie auch bei dieser rationalen Beschreibung einen kurzen, emotionalen Ausblick auf die schöne „neue Welt", die Ihre Erfindung Erzielen wird. Damit der Beamte im Patentamt noch etwas schneller begeistert ist und Ihnen Ihre Idee „abkauft". Zumindest habe ich auf diese Weise einmal einen Gebrauchsmusterschutz bekommen.

Vielen Briefings, also den Vorgaben für Texte, fehlt die Begeisterung für ein Thema. Stattdessen geben Briefings oft nur ein paar Marketing-Fakten weiter, die von zu vielen Entscheidern so lange weichgespült wurden, bis sich alle dahinter verstecken können und keiner mehr weiß oder spürt, worin die eigentliche Begeisterung für das Angebot besteht.

Doch ein gutes Briefing muss vor allem die Menschen begeistern, die für das Thema begeistern sollen. Texter sind keine Automaten, die dicke Luft in Parfum verwandeln. Langweiliger Input erzeugt fast zwangsläufig langweiligen Output. Gute Texter brauchen zumindest etwas Treibstoff im Feuerzeug, damit die Flamme der Begeisterung auf die Text-Arbeit überspringt.

Deshalb geht es im nächsten Kapitel darum, wie Sie sich mit der Hilfe des SALE-Systems systematisch für jede Text-Aufgabe selber motivieren: Durch die gezielten Fragen an den vier Recherche-Stationen des Systems, die Sie mit Ihren Antworten zu einer Gedanken-Kette formen.

EIN LEIT-SYSTEM FÜR GEDANKEN

„Ein guter Anfang braucht Begeisterung, ein gutes Ende Dis-ziplin." Dieses Zitat von Prof. Dr. Hans-Jürgen Quadbeck-See-ger, wurde zum Motto der deutschen Fußballnational-mannschaft auf dem Weg zur Weltmeisterschaft in Brasilien. Es entspricht der Grundhaltung hinter dem SALE-System, das auch eine Mischung aus Selbst-Motivation und systematischer Führung ist.

Die taktische Anleitung für das System finden Sie auf der letz-ten Seite dieser Fibel auf dem „Spick-Zettel". Kopieren Sie jetzt die Seite oder setzen Sie ein Lesezeichen, damit Sie die nächsten Zeilen besser verstehen und das System immer vor Augen haben.

Bitte achten Sie trotz aller Punkte, Ziffern und Pfeile zunächst auf die vier Felder in der Mitte, von oben nach unten angeord-net als Gedanken-Kette des SALE-Systems: Spüren, Agieren, Liefern, Erzielen.

Sehen Sie diese Felder als Schatz-Kisten, die darauf warten mit Worten gefüllt zu werden, als Antworten auf die entsprechenden Schlüssel-Fragen: Spüren: „Wer hat welches Problem?", Agieren: „Wer macht was?", Liefern: „Welche Inhalte beeindrucken?", Erzielen: „Was hat der Leser davon?"

Die Reihenfolge der „Befüllung" geben Ihnen die Ziffern, Punkte und Pfeile vor. Dabei wird Sie wahrscheinlich irritieren, dass die Reise nicht bei der obersten Station Spüren beginnt, sondern dass die Ziffer (1) beim Liefern steht.

Der Grund: Weil das SALE-System vor allem ein Recherche-System ist. Und jede gute Recherche beginnt zunächst bei den Liefer-Fakten, also bei dem, was Sie als Texter am Anfang Ihrer Arbeit in die Hand bekommen: die Inhalte und Argumente, die an Ihrem Produkt oder Angebot beeindrucken.

Wenn die Recherche stattdessen oben beim Spüren beginnen würde, könnten Sie vielleicht schnell einen „pfiffigen" Einstieg in Ihren Text formulieren. Doch die Gefahr besteht, dass Sie spätestens beim Liefern ins Schleudern kommen.

Nehmen wir an, Sie müssten Handy-Tarife verkaufen und würden Ihre Recherche nicht bei den Liefer-Fakten der Tarife beginnen, also nicht bei den Leistungen rund um den Vertrag, sondern direkt im Spüren-Teil. Sie würden dann nach einer aufmerksamkeitsstarken Einleitung suchen, vielleicht mit einem aktuellen Bezug zum Wetter, z.B.: „Kälteeinbruch in Deutschland!".

Danach käme vielleicht im Agieren-Teil: „Unsere Handy-Tarife sind eiskalt kalkuliert". Lustig? Vielleicht aufmerksamkeitsstark. Auf jeden Fall ist man gespannt auf die Dumping-Preise der Tarife.

Wenn dann aber unter den Liefer-Fakten nur ganz normale Preise und Daten-Tarife kommen, ist der Leser enttäuscht und wendet sich ab. „Menschen kaufen nicht bei Clowns" sagte schon Claude Hopkins, einer der ersten großen Werbetexter.

Überzeugende Kommunikation ist relevant und hat einen Bezug zum Angebot. Das setzt aber voraus, dass Sie die Lieferung Ihres Angebotes genau kennen, bevor Sie dafür die passenden Worte suchen. Deshalb beginnt das SALE-System mit der Recherche bei den Liefer-Fakten (1).

Wenn Sie hier auf die Frage „Welche Inhalte beeindrucken?" die Antwort finden: „In der Flatrate des XY-Tarifs sind Gespräche in, von und nach Nord-Amerika kostenlos integriert", könnte in der zweiten Stufe im Erzielen-Teil Ihre Antwort auf die Frage „Was hat der Leser davon?" heißen: „Amerika wird so preiswert wie Deutschland."

Danach wandern Sie weiter zur Station (3) und antworten auf die Frage im Agieren-Teil „Wer macht was?" vor dem Wissen um die „kostenlose" Integration der USA in den Tarif: „Wir schenken Ihnen die USA".

Am Ende der Recherche-Phase suchen Sie im Spüren-Teil (4) eine Antwort auf die Frage: „Wer hat welches Problem?" Hier sensibilisieren Sie jetzt vor allem Menschen, die wissen, wie teuer Amerika-Gespräche sein können z.B.: „Mit einem reinen Deutschland-Tarif können Gespräche in Amerika teuer werden."

Diese Sätze und Gedanken aus Ihrer Recherche-Phase (1–4) feilen Sie dann in der SALE-Text-Phase (5–8) zu folgender Gedanken-Kette: „S: Amerika kann teuer werden, mit einer reinen Deutschland-Flatrate. A: Wir schenken Ihnen die USA. L: Denn in der Flatrate des XY-Tarifs sind Gespräche in, von und nach Nord-Amerika kostenlos integriert. E: Damit Amerika für Sie am Telefon so preiswert ist wie Deutschland."

Der Unterschied zum „Kälte"-Text: Ihre stimmige SALE-Gedanken-Kette (5–8) hat sich aus den Liefer-Fakten der Tarife entwickelt und nicht aus einem Anfang ohne Bezug zu den Tarifen.

Deshalb beginnt die gestrichelte Recherche-Phase (1–4) im SALE-System an Punkt (1), bei dem was Sie mit Ihrem Angebot Liefern. Das ist die eine Besonderheit meines Systems. Die andere ist, dass es danach zunächst „nach unten" und dann „nach oben" geht.

Doch eigentlich ist der Verlauf logisch: Nachdem Sie alle Liefer-Fakten kennen, fragen Sie sich doch auch: „Was hat man davon?" Oder im Sinne Ihrer Leser: „Was hat der Leser davon?" Also stellt auch das System diese Frage an Punkt (2), der Erzielen-Station.

Notieren Sie sich alle spontanen Antworten auf die Erzielen-Frage. Filtern Sie dann den wichtigsten Leser-Nutzen heraus und folgen Sie der gepunkteten Recherche-Linie zu Punkt (3) und zu Antworten auf die Agieren-Frage: „Wer macht was?"

Übernehmen Sie dabei zunächst den Gedanken der Erzielen-Station, wie z.B.: „Amerika wird so preiswert wie Deutschland." Doch machen Sie diesen Gedanken jetzt aktiver, am besten mit einem klaren Verb, wie z.B.: „Wir schenken Ihnen die USA".

Danach suchen Sie auf der Basis des Agieren-Lösungs-Satzes im Spüren-Teil das Gegenteil: Die passende Antwort auf die Frage: „Wer hat welches Problem?" Also z.B.: „Amerika kann teuer werden, mit einer reinen Deutschland-Flatrate."

Bedenken Sie dabei: Ihr Agieren ist immer die Lösung! Ihre Aufgabe ist es, dafür das passende Problem zu Spüren!

Durch die Recherche-Phase (1–4) haben Sie die vier Felder und Schatz-Kisten der SALE-Gedanken-Kette so gefüllt, dass Sie am Ende bei einem guten Anfang für Ihren SALE-Text sind. Der Spüren-Anfang wird jetzt relevant und passend Ihre Leser berühren, weil er viel mit den Argumenten zu tun hat, die Sie an der Liefer-Station gesammelt haben.

Über den SALE-Text-Linien-Weg (5–8) auf der rechten Seite des Spick-Zettels können Sie dann die gefundenen Worte der Recherche-Phase (1–4) Schritt für Schritt „abarbeiten" und verbessern.

So wird das SALE-System zum Mini-Regelwerk mit Doppel-Strategie: Zuerst ein Eigen-Briefing über den gepunkteten Recherche-Weg (1–4), mit dem Sie nach Stichworten und Satz-Fragmenten suchen und dabei oft besseren Input bekommen als mit gewöhnlichen Briefings. Danach ist das System ein Text-Leitfaden für das Ausformulieren Ihrer gesammelten Worte entlang der SALE-Gedanken-Kette (5–8).

Durch die Schlüssel-Fragen generieren Sie dabei immer relevante Worte. Gleichzeitig „diszipliniert" Sie das SALE-System, aus Ihren Antworten eine logische, überzeugende Gedanken-Kette zu entwickeln.

Der Doppel-Weg des Systems mag für Sie im Augenblick seltsam wirken. Aber unter dem Strich sind es nur vier Stationen, um die es geht. Das beruhigt doch schon mal.

Für mich ist dieser Doppel-Weg durch jahrelanges Training zu einer Sprint-Strecke geworden. Geben Sie Ihren Texter-Schritten im Augenblick noch etwas Zeit. Versuchen Sie jede Station bewusst zu verinnerlichen. Sehen Sie es wie jeden Weg: Beim ersten Mal wirkt er länger als beim dritten Mal, weil Sie ihn dann kennen.

Auf jeden Fall ist das Ziel des Weges immer eine Gedanken-Kette, die den Leser für eine Verbesserung in seinem Leben gewinnen möchte. Für eine Lösung des einleitend beschriebenen Problems. Dabei soll ihm das Angebot helfen, das Sie liefern. Denn sobald das Angebot ein Problem löst und das Leben des Lesers verbessern kann, wird es relevant und attraktiv.

Deshalb ist die Basis für jede Überzeugungsarbeit mit Worten eine detaillierte Kenntnis von dem, was Ihr Angebot wirklich liefern und halten kann. Beginnen Sie also Ihre Text-Entwicklung immer zunächst bei den Inhalten und Fakten Ihrer Lieferung, bevor Sie nach werbenden Worten dafür suchen.

Im nächsten Kapitel finden Sie rund um die Liefer-Station Beispiele für mögliche Antworten und weitere Fragen, die Ihnen an dieser Stelle weiterhelfen.

WELCHE INHALTE BEEINDRUCKEN?

Kinder sind wie gute Vorbilder, denn sie stellen spannende Fragen: „Warum ist die Banane krumm?" „Warum bringt der Osterhase die Eier?" „Warum geht die Sonne auf und unter?" Neugier ist uns angeboren. Wir brauchen Orientierung. Denn wir leben, lieben, handeln nicht nur triebgesteuert.

„Weil die Erde rund ist und sich dreht, ist mal die Sonne zu sehen und mal nicht …", ist eine einfache Begründung für die kindliche Frage nach Sonnen-Auf- und Untergängen. Dass diese Begründung auch auf die Gezeiten, den Mond und das Erdklima Einfluss hat, vernachlässigen wir dann lieber, weil es weitere Rückfragen zur Folge hätte.

Und genauso müssen nicht alle Fakten in einem werbenden Text genannt werden. Auch hier könnten unangenehme Rückfragen und Anmerkungen die Folge sein. Aber zumindest einen guten Grund sollten Sie immer parat haben. Denn ohne Begründung, ohne eine Antwort auf die Frage „Warum?" können wir im Gehirn nichts sortieren.

Es gibt nur wenige Gründe, sich 4 Stunden lang eine Oper von Richard Wagner anzuhören. Die Werke haben oft endlose, quälend lange Passagen ohne begeisternde Stellen. Aber dann erklingen für wenige Minuten Melodien und Arien, die Gänsehaut erregen und für die Wartezeit mehr als entschädigen. Für diese wenigen Momente nehmen Wagner-Fans Sitzkissen und Schnittchen mit und haben fast immer die gleiche Antwort auf die Frage: „Warum tust du dir das an?" – „Weil sich das Warten auf den Walkürenritt, die Götterdämmerung, das Siegfried-Idyll oder, oder immer wieder lohnt."

Manche Dinge nimmt man in Kauf, obwohl einiges gegen ein vernünftiges „Warum?" spricht. Die 23. Handtasche zum Beispiel oder die sechste Fliegeruhr. Viele Geländewagen sieht man nur selten im Gelände und manche exklusive Hautlotion bietet auch nicht mehr Feuchtigkeit als Nivea.

Die Käuferinnen und Käufer werden trotzdem Gründe nennen, warum die Wahl genau richtig war und ist: Der Geländewagen bietet mehr Platz und mehr Sicherheit. Die neue Fliegeruhr hat dieses einzigartige, traditionsreiche, mechanische Uhrwerk. Die 23. Handtasche hat genau die Applikation, die gerade modern ist. Außerdem hat sie einen Reißverschluss für mehr Sicherheit und einen Bügel, der solider verarbeitet ist als bei dem 22. Modell. Und die exklusive Hautlotion hat diese Formel gegen Hautalterung, die bisher nur wenige Hollywood-Stars und Schönheits-Chirurgen kannten und nutzten.

Solche Argumente beschleunigen den Weg zur Kasse, weil sie Vernunft in die Unvernunft bringen. Viele Produkteinführungen scheitern, weil ihnen mindestens ein Argument fehlt, warum man das neue Produkt kaufen sollte, statt wie bisher den Marktführer.

Stattdessen vertreten vor allem Vertriebs-Leute meistens die Meinung, dass nur ein guter Preis zum Kauf animieren kann. Doch Preise sind relativ. Es gibt in den Weiten des Internets immer mindestens eine preiswerte Alternative. Deshalb beginnen gute Verkaufs-Gespräche und Texte niemals beim Preis. Sobald dieser genannt ist, bleibt kein Raum für andere Themen, weil der Gesprächspartner in seinem Kopf nur noch den Preis hinterfragt.

Die Einkäufer im Handel erwarten heute von Lieferanten selbstverständlich einen guten Preis. Aber noch mehr erwarten sie ein gutes Verhältnis von Preis und Leistung. Sie suchen nach Top-Angebots-Paketen mit besonderen Vorteilen für ihre Kunden. Häufig bekommen Lieferanten nur dann eine Chance, wenn sie Exklusiv-Angebote produzieren, also bekannte Angebote in einer besonderen Verpackung oder mit Zusätzen, die in dieser Form nur für den jeweiligen Handelskanal angeboten werden. Denn eine „Sonder-Edition" macht den Preis unvergleichbar und damit leichter akzeptierbar.

Anders gesagt: Mit guten Argumenten und Vorteilen rund um das Angebot kann man anscheinend leichter überhöhte Preise relativieren. Das war schon immer so: Inhaltsstoffe, kleine Besonderheiten in der Fertigung oder bewährte Details sind das Salz in der Suppenküche erfolgreicher Verkäufer. Denn damit werden hohe Preise psychologisch geschrumpft.

Ihre erste Aufgabe als Texter ist es, die Argumente, Fakten und Informationen detailliert zu kennen, die Sie mit Ihrem Angebot Liefern. Wie sieht das Paket im Detail aus? Was wird geliefert und was nicht? Was wird mitgeliefert? Gibt es Highlights? „Welche Inhalte beeindrucken?"

Und wenn Sie die Inhalte und Fakten nicht sofort verstehen, haben Sie keine Angst vor der Frage: „Was heißt das?" Sie müssen am Ende den Text schreiben, nicht Ihr Auftraggeber. Deshalb sollten Sie das Angebot mindestens so gut kennen und verstehen wie er.

In der Liefer-Recherche bestimmen Zahlen, Fakten, Inhaltsstoffe Ihre Wörter-Suche. Vielleicht können Sie aus den Fakten bereits Zeilen entwickeln wie: „Sie lernen das Texten mit System". Oder: „Nur echt mit 52 Zähnen" (Leibniz Butterkeks), „Quadratisch. Praktisch. Gut" (Ritter Sport), „Gelb. Gut. Günstig" (Yello Strom), "Raider heißt jetzt Twix - sonst ändert sich nix" (Twix), „Vollendet veredelter Spitzenkaffee" (Dallmayr), „Ein reines Wasser muss durch einen tiefen Stein" (Selters), „Mit der wilden Frische von Limonen" (Fa), „Der Rahmspinat mit dem Blub" (Iglo), „Der rahmige Brotaufstrich" (Brunch), „Die wahrscheinlich längste Praline der Welt" (Duplo), „Das Gute daran ist das Gute darin" (Erasco), „Nur das Beste aus der Frucht" (Granini), „Schmeckt fast wie frisch gepresst" (Valensina), „Geschmack braucht kein Coffein" (Kaffee Hag), „Coffein für die Haare" (Alpecin), „Von der Sonne verwöhnt" (Badischer Wein), „Wie das Land, so das Jever. Friesisch-herb" (Jever Pils), „Aus dem Herzen der Natur" (Licher Bier), „Was die Haut zum Leben braucht" (Nivea), „Alles, was ein Bier braucht" (Clausthaler), „Denn Schnelligkeit ist unsere Stärke" (Dolormin), „Von erfolgreichen Züchtern empfohlen" (Pedigree Pal), „Bonduelle ist das famose Zartgemüse aus der Dose", „Im Asbach Uralt ist der Geist des Weines".

Sagen Sie nie, dass Ihr Produkt oder Ihr Angebot auch nicht anders ist als die Angebote der Konkurrenz. Oft wird mehr Energie damit verbraucht, dünne Models und dicke Worte zu finden, statt zumindest ein starkes Argument. Selbst wenn die Konkurrenz das Gleiche sagen könnte, bleibt die Frage, ob sie es bereits sagt und damit wirbt.

Sie müssen nicht in Australien gewesen sein, um über das dortige Leben zu schreiben. Sie sollten sich aber „eingelesen" haben, Informationen, Geschichten, Erlebnisse recherchiert haben, damit Ihre Leser und Auftraggeber Ihnen vertrauen.

Zeigen Sie Neugier für den Liefer-Umfang Ihres Angebot-Pakets. Verstehen Sie alles? Kennen Sie die Inhalte? Was sind die Fakten? Oder im Fach-Jargon: die „Key-Facts", „Bullet-Points", die für das Angebot sprechen und dabei mögliche Vorbehalte entkräften.

Halbwissen erzeugt Halbgares. Graben Sie tiefer, hinterfragen Sie Zahlen und Fakten, die keiner hinterfragen will, ätzen Sie an der Oberfläche, suchen Sie in den Tiefen der Inhalte nach Dingen, die noch keiner gefunden hat. Machen Sie es wie der größte Werber aller Zeiten, Bill Bernbach: „Bring dead facts to life and make them memorable."

Starten Sie ein Kreuzverhör mit dem Gegenstand Ihrer Werbung: Vielleicht finden Sie beim Hinterfragen zunächst nur etwas Staub, den andere aufgewirbelt haben. Sehen Sie genauer hin: Es könnte Goldstaub sein, als Hinweis auf eine Goldmine!

Dieser Recherche Prozess ist anstrengend, weil Sie Dinge verstehen müssen, die oft sogar Experten nicht erklären können. Sie werden durch Nachfragen unangenehm auffallen, weil man sich lieber mit Oberflächlichkeit zufriedengibt. Aber wenn Sie etwas entdecken, das bisher noch keiner freigelegt hat, bekommen Sie die Chance ein Argument zu präsentieren, das alle Vorbehalte entkräftet.

Texter werden oft erst dann geholt, wenn Fotos und Layouts bereits abgesegnet sind. „Was schreiben wir denn nun zu den Bildern? Haben Sie eine Idee?" Dann übergibt man mit den Worten „Sie machen das schon ..." dicke Ordner, Bücher, Memos, Internet-Links und meint, alles getan zu haben, um einen „flotten" Text zu bekommen.

Und plötzlich stolpert der Texter beim Lesen der Inhalte über Besonderheiten, Argumente, Vorteile, die viel Gutes über das Produkt sagen – aber nichts mit dem zu tun haben, was man bisher in der bereits verabschiedeten Gestaltung zu sehen bekommt.

„Das Argument XY ist doch nichts Besonderes, das haben die anderen auch ...", wird dann gerne gekontert. Aber sagen es die anderen bereits? Oder wurde es schon mal gesagt? Die Auftraggeber von Werbung bekommen schnell einen Tunnelblick und werten Bekanntes als Selbstverständlichkeit. Dabei gibt es sehr oft allein bei den Inhaltsstoffen genug Felder, die bisher noch nie beackert wurden.

Jedes Bier wird mit Wasser gebraut. Trotzdem gibt es im Sauerland ein Bier, das mit „Felsquell-Wasser" gärt. Aus diesem „Inhaltsstoff" entwickelte das Marketing eine erfolgreiche Markenwelt rund um die „Perle der Natur".

Und was ist mit den weiteren Inhaltsstoffen? Für jedes Bier

wird der Hopfen im September geerntet. Eine andere Brauerei hat diese „unwichtige" Information zu einem erfolgreichen Werbetext vergoren: „Mit September-Hopfen veredelt" animierte bei dem Relaunch der Biermarke viele neue Kunden zu Spontan-Käufen. Ein Erfolgs-Rezept, das auch bei der „Piemont-Kirsche" und den „Byzantiner Königsnüssen" gut funktionierte, obwohl auch andere Kirschen aus dem Piemont kommen und die meisten Nüsse aus dem türkischen Umfeld.

Fragen Sie bei der Fakten-Recherche für Ihren Text nach dem „Killer-Argument": „Warum ich und nicht der andere? Warum sollte man das Angebot XY nehmen und auf gar keinen Fall das Angebot YZ?" In jedem Markt gibt es fast immer mindestens einen Konkurrenten, den man bekämpfen, verdrängen, abwehren möchte. Und selbst wenn Ihr Angebot vollkommen neu ist, gibt es für Ihre Leser mindestens eine Alternative: den Nicht-Kauf. Also verlangen Sie Ehrlichkeit: Was macht Ihr Angebot so zwingend, dass man es haben muss?

Fragen Sie den Außendienst, welches „Killer-Argument" in jedem Verkaufs-Gespräch – unabhängig vom Preis – immer wieder sticht. Fragen Sie Käufer, warum sie sich trotz des hohen Preises für das Angebot entschieden haben. Drängen Sie bei Ihrer Recherche Ihr Angebot in die Enge, indem Sie alle Nachteile aufzählen, die gegen den Kauf sprechen, und fragen Sie dann, warum man es trotzdem kaufen sollte. Meistens kommt ein wahrer Kern zum Vorschein, der Überlegenheit zeigt: das Killer-Argument.

Auch wenn Sie kein Spitzen-Argument haben, hinterfragen Sie die Liefer-Fakten Ihres Angebotes bis ins Detail. Sie müssen genau verstanden haben, welche Bedeutung jedes Argument hat. Damit Sie dann in der nächsten Erzielen-Stufe leichter Antworten und Versprechen finden für die Frage: „Was hat der Leser davon?"

WAS HAT DER LESER DAVON?

Der kleine Prinz von Antoine de Saint-Exupéry war ein guter Verkäufer. Er hatte verinnerlicht, dass ein Wunsch-Ziel der beste Weg ist, Menschen zu motivieren: „Wenn Du ein Schiff bauen willst, dann trommle nicht Männer zusammen, um Holz zu beschaffen, Aufgaben zu vergeben und die Arbeit einzuteilen, sondern lehre die Männer die Sehnsucht nach dem weiten, endlosen Meer."

Machen Sie es ähnlich. Lenken Sie von möglichen Nachteilen bei den Liefer-Fakten ab, wie z.B. hohe Preise und komplizierte Handhabung. Suchen Sie an der zweiten Station Ihrer Recherche-Phase nach einem Positiv-Effekt, den Ihre Liefer-Fakten Erzielen werden - als „Geschenk" für Ihre Leser.

Jedes Angebot schenkt ein besseres Leben. Natürlich nicht umsonst, aber davon schreiben Sie erst ganz zum Schluss. Schenken Sie Ihren Lesern den Traum und die Hoffnung auf eine Besserung der momentanen Situation. Gewinnen Sie Ihre Leser durch die Beschreibung einer besseren Zukunft nach dem Einsatz Ihres Angebotes. Zeigen Sie, dass Sie verstanden haben, was Ihre Leser am Ende wollen.

„Damit Sie garantiert leichter texten, werben und verkaufen" ist hoffentlich Ihr Wunsch-Ziel nachdem Sie diese Fibel gelesen haben. Eine Zahncreme versprach als Effekt: „Damit Sie auch morgen noch kraftvoll zubeißen können …". Schreiben Sie in der Erzielen-Stufe einen ähnlich positiven Schluss-Satz, der mit einem „Damit …" beginnt.

Fragen Sie sich, nachdem Sie alle Teile Ihrer Lieferung kennen, welchen positiven Effekt das Angebot beim Leser Erzielen wird. Welchen Sinn hat das Angebot? Welchem Zweck dient es? Welchen Effekt fördert mein Angebot? Welchen Gewinn erzielen die Leser? Welchen Nutzen?

Konzentrieren Sie sich auf nur einen Nutzen, einen Effekt, den Sie für Ihre Leser erreichen möchten. Das ist schwer, denn dazu brauchen Sie den Mut, sich von anderen Nutzen zu trennen. Werbung ist teuer. Und nun sollen Sie das ganze Geld nur für ein Ziel, einen Effekt einsetzen? Ja! Denn wer alles will, schafft gar nichts. Umgekehrt heißt das: Wer sich konzentriert, schafft mehr.

Das größte Hindernis für erfolgreiche Höhenflüge in der Werbung ist das Startgewicht. Oft überladen zu viele Nutzen und Inhalte die Botschaft, die leicht und locker überzeugen soll. Wie kann ein Text gut ankommen, wenn er mit zu viel Ballast auf den Weg geht? Denken Sie vorher an nachher. Fragen Sie sich vor der ersten Zeile: Welchen wichtigsten Einzel-Effekt, welchen Nutzen können meine Leser von meinem Angebot erwarten? Was wäre das schönste Positiv-Ergebnis, das ich für meine Leser Erzielen kann?

Kennen Sie die Geschäfts-Idee des Unternehmens hinter Ihrem Angebot? Was will das Unternehmen grundsätzlich für die Kunden erreichen? Welchen Nutzen sollen die Kunden immer haben? Das hier gefundene Verbesserungs-Ergebnis nach dem Kauf wird der letzte Punkt Ihres werbenden Textes, der letzte Eindruck sein – also der, der bleibt.

Bei selbst gekochter Mehlschwitze bleibt ein Restrisiko des Misslingens. Da beruhigt das grundsätzliche Nutzen-Verspre-chen auf jeder Instant-Packung: „Gelingt garantiert ohne Klümpchen."

Gibt es eine Marken-Welt, in die Sie den Leser führen möchten und in der das Produkt oder Unternehmen zu Hause ist? Kli-schees, die mit Ländern und Kulturen verbunden sind, helfen dabei, dem Angebot eine Heimat zu geben, in der die passen-den Worte für Ihre Texte warten.

Die Provence ist seit 1976 die Werbe-Heimat eines Frisch-Käses „mit feinen Kräutern der Provence", obwohl dessen wahre Heimat im Allgäu liegt. Mit jeder Promotion und Werbe-Aktion holen Texter die Provence und deren „französisch-me-diterrane Lebenskultur" nach Deutschland, als Versprechen für die Leser.

Das Ziel Ihres Textes muss sein, so einen „Heimat-Hafen", einen stimmigen Grund-Effekt als Ziel für den Leser zu formu-lieren. Aber es darf nur ein Ziel sein: Soll man mit Ihrem Ange-bot sicher oder effizienter werden? Möchten Sie Ihren Lesern Kosten oder Wege ersparen? Wird die Welt mit Ihrem Angebot etwas bequemer, gesünder, ordentlicher, leichter?

Wenn Sie jetzt immer wieder „Ja" sagen, wenn es für Sie kein „oder" gibt, sondern nur „und, und, und …", wenn Sie alles gleichzeitig erreichen möchten, dann sollten Sie gar nicht erst anfangen mit Worten zu verkaufen. Denn wer alles will, schafft gar nichts.

Sie merken, dass es nicht darum geht, welches Ziel das Un-ternehmen verfolgt, für das Sie werben, sondern was Sie für Ihre Leser Erzielen wollen. Mit der Konzentration auf dieses Ziel entfernen Sie Ihre Gedanken von den Wünschen Ihres Text-Auftraggebers hin zu den Wünschen Ihrer Leser. Sie erden sich damit leichter für die Text-Aufgabe.

Manchmal wird der Effekt in einem Claim oder Slogan lebendig, der oft auch nach vielen Jahren Verkaufs-Kraft besitzt: „Damit junge Haut länger jung bleibt" (Oil of Olaz), „Damit es Schmusewolle bleibt" (Perwoll), „Damit Sie mehr vom Leben haben" (Hamburg-Mannheimer), „Vorsprung durch Technik" (Audi), „Freude am Fahren" (BMW), „Wer sie liest, sieht mehr" (Sueddeutsche Zeitung), „Er hat überhaupt nicht gebohrt" (Colgate), „Ist die Katze gesund, freut sich der Mensch" (Kitekat), „Mit einem Wisch ist alles weg" (Zewa), „Alles trocken" (Gore-Tex), „Sauberer wird`s nicht" (Kärcher), „Schmutz geht, Glanz entsteht" (Antikal), „Der Duft, der Frauen provoziert" (Axe), „Dann klappt`s auch mit dem Nachbarn" (Calgonit), „Waschmaschinen leben länger mit Calgon", „Ein ganzer Kerl dank Chappi", „Meister Propper putzt so sauber, dass man sich drin spiegeln kann", „Camelia gibt allen Frauen Sicherheit und Selbstvertrauen", „Ich fühl` mich schön mit Jade", „Advocard – Und der Anwalt hilft sofort.", „Snickers – und der Hunger ist gegessen", „Zu Daim sagt keiner nein", „Mit Maggi macht das Kochen Spaß", „Wer Käse mag, wird Frico lieben".

Oft findet man den tieferen „Sinn" eines Angebots schon im Namen. Dies hilft bei der Suche nach Worten, die schlüssig erklären, welchen Effekt das Angebot für den Leser Erzielen kann. „Löwensenf" ist der Inbegriff für „tierisch scharfen" Senf. „Kleenex"-Tücher funktionieren nach dem Prinzip „clean" und „ex". Das Betriebs-System „Windows" öffnet tatsächlich Fenster. Zeitschriften wie „Schöner Wohnen" oder „Fit for Fun" sagen bereits im Namen, welches Ziel sie versprechen.

Wer kein Ziel hat, wird niemals ankommen. Wenn Sie wissen, welches Ziel Sie für Ihre Leser erreichen können, werden Sie auch leichter wissen, was Sie ganz konkret machen müssen, damit das Ziel erreicht wird.

Sie schaffen sich damit einen Gedanken, der Sie nun weitertreibt zur nächsten Stufe Ihrer Gedanken-Kette, dem Agieren-Satz. Hier komprimieren Sie das, was Ihr Angebot Erzielen kann, zu einer kurzen Zusammenfassung, was Ihr Angebot unternimmt, damit das versprochene Ziel für den Leser erreicht wird.

WER MACHT WAS?

Welche Aufgabe haben Sie in Ihrem Unternehmen? In Ihrer Familie? Im Verein, der Mannschaft, im Freundeskreis? In meinen Seminaren kommen bei dieser Frage oft lange Antworten. „Ich bin für alles zuständig rund um die Abwicklung von Projekten zum Thema XY ...“ Oder: „Ich putze den Haushalt, versorge die Kinder, koche das Essen und singe abends noch eine Gute-Nacht-Geschichte für alle ...“

Wenn Sie dann die Frage stellen „Was heißt das? Wie kann man Ihr Agieren in einem kurzen Satz zusammenfassen? Was machen Sie konkret für wen?“, kommen nach einiger Bedenkzeit Sätze, die man in Stein meißeln könnte: „Ich manage die Zusammenarbeit der Abteilung.“ „Ich führe ein Familien-Unternehmen.“

Oft ist dann die erste Reaktion auf diese selbst gefundenen Aktiv-Sätze typisch deutsch: „Ist das nicht etwas zu hochtrabend?“ Dabei lautet doch ein ebenfalls typisch deutsches Sprichwort: „Bescheidenheit ist eine Zier, doch weiter kommt man ohne ihr ...“

Wenn Sie mit Ihrem Text weiterkommen wollen, dann müssen Sie souverän und konkret sagen, was Sie für den Leser unternehmen können und wollen, was Sie aktiv für ihn als Lösung anbieten, damit am Ende ein positiver Effekt für ihn Erzielt wird. Ohne Nebensätze, kurz, kompakt, einprägsam. Denn sonst wandern Ihre Leser dorthin, wo man die Lösung schneller versteht.

Ein guter Agieren-Satz ist die klar und einfach formulierte Zusammenfassung dessen, was Ihr Angebot für den Leser als Lösung unternehmen will. Das Produkt XY erfrischt die Haut. Punkt. Dass es gleichzeitig die Haut entspannt, glättet und verjüngt, sind zu viele Informationen in einem Satz. Vermeiden Sie solche Bandwurmsätze, denn: Wer alles kann, kann gar nichts.

„Das SALE-System macht Sie ohne Vorwissen zum Werbetexter." Punkt. Sie lernen auch, welche Worte besser oder schlechter sind. Aber wenn Sie alle „Hilfs-Maßnahmen" dieser Fibel in einem langen Satz oder sogar in zwei oder drei Sätzen lesen müssten, würden Sie nichts behalten.

In Hollywood gibt man Drehbuch-Autoren bei der Vorstellung einer neuen Film-Idee oft nur 30 Sekunden Zeit. Die Amerikaner haben dafür eine einprägsame Metapher geschaffen, den „Elevator-Test":

Stellen Sie sich vor, Sie haben eine Idee und bekommen Ihren Chef im Fahrstuhl zu sehen. Vom Erdgeschoss bis zur Chefetage sind es 30 Sekunden. Mehr Zeit haben Sie nicht, um Ihre Idee zu verkaufen. Was würden Sie sagen? Dass Sie eine Idee haben, bei der an alles gedacht wurde: an den Preis, den Service, die Kunden, die Zukunft, den Umweltschutz, die Produktion? Die Stockwerke ziehen vorbei und Ihr Chef weiß immer noch nicht, worum es Ihnen geht, was Ihre Idee ist.

Die Grund-Ideen bekannter Filme können Sie oft in wenigen Worten zusammenfassen. Zum Beispiel: Irischer Arbeiter und englische Lady kämpfen für ihre nicht standesgemäße Liebe auf einem sinkenden Kreuzfahrtschiff (Titanic). Ehepaar mit

Kind hütet im Winter ein einsames Hotel, in dem der Mann dem Wahnsinn verfällt (Shining). Schizophrener Motel-Besitzer ermordet in der Rolle seiner Mutter eine duschende Sekretärin, die mit Firmengeldern auf der Flucht ist (Psycho). Männer in Strumpfhosen und Mönchskutten kämpfen gegen die Habgier der Oberen und für die Rechte der Kleinen (Robin Hood). Traumatisierter Vietnamveteran fährt eine Rache-Tour durch New York (Taxi Driver). In einem Reservat für Dinosaurier greifen die Riesen-Echsen die Menschen an (Jurassic Park). Aus Angst vor der Mafia verkleiden sich zwei Musiker als Frauen und gehen mit einer Damenband auf Tour, bis nach vielen Verwechslungen wahre Liebe ins Spiel kommt (Manche mögen`s heiß)

Sicher ist jede Filmbeschreibung verbesserungsfähig. Aber ich hoffe, dass die Filme, die oft länger als 90 Minuten sind, in dem jeweils einen Satz einigermaßen verständlich verdichtet wurden. Versuchen Sie es mit Ihrem Lieblings-Film oder Buch. Es ist eine gute Übung für das Schärfen von Bandwurm-Sätzen zu Kern-Aussagen.

Oft redet man viel zu viel und vergisst die Zusammenfassung. Reduzieren Sie das Agieren für Ihre Leser auf einen kurzen, prägnanten Satz, der nicht mehr enthält als Subjekt, Prädikat, Objekt: Wer macht was? Der Motor XYA hinterlässt nur Wasserdampf. Die Creme XYB reduziert Orangenhaut. Die Software XYC schafft in der Logistik einen Vorsprung von drei Tagen. Die Gleitsichtbrille XYD glättet die Übergänge zwischen Nah- und Fern-Sehen. Das Medikament XYE befreit die Nase. Das genügt, um hängen zu bleiben. Die Nebenwirkungen werden Sie später im Rahmen der Lieferung los.

Es gibt ein Logistik-Unternehmen, dass neben Standard-Verbindungen auch Extra-Wege anbietet, wenn sie dem Kunden bei der Lösung seines Transport-Problems dienen. Aus dieser Lösungsorientierten Unternehmenskultur entstand der Agieren-Satz und spätere Unternehmens-Claim: „Wir finden einen Weg".

Prägnante, einfache Agieren-Sätze haben leichter die Chance, im Gespräch zu bleiben und Multiplikatoren zu finden: „Haribo macht Kinder froh", „Die Bahn macht mobil", „Mars macht mobil, bei Arbeit Sport und Spiel", „Lotto macht die meisten Millionäre", „Douglas macht das Leben schöner", „Natreen macht das süße Leben leichter", „Melitta macht Kaffee zum Genuss", „Wir geben Ihrer Zukunft ein Zuhause" (LBS), „Wir öffnen Horizonte" (R+V), „Wir filtern den Regen aus der Luft" (Jack Wolfskin), „Wir holen das Beste für die Erde aus der Erde" (K+S), „Red Bull verleiht Flügel", „Thomy verfeinert", „Der Stern bewegt", „Viva liebt dich", „Odol gibt sympathischen Atem", „Delial bräunt ideal", „Hartmann hilft heilen", „Bepanthen hilft der Haut, sich selbst zu heilen", „Spalt schaltet den Schmerz ab", „Palmolive pflegt die Hände schon beim Spülen", „Sil nimmt Flecken den Schrecken", „Rennie räumt den Magen auf", „Actimel aktiviert Abwehrkräfte", „Rama macht das Frühstück gut". Kurz, kompakt, einprägsam: Subjekt, Prädikat, Objekt.

Was auch immer Sie vorhaben oder antreibt, egal welche Ziele Sie haben: „Wir machen den Weg frei" ist seit Jahren das Hilfs-Angebot der Volks- und Raiffeisenbanken.

Im Prinzip klingen diese Sätze des Agierens ähnlich wie in der vorherigen Stufe des Erzielens. Doch im Agieren-Satz ist das Verb besonders wichtig. Vielleicht hieß es noch im Erzielen-Abschnitt: „Damit der Weg frei ist für ein schönes Leben". Dann muss es jetzt im Agieren-Teil aktiver werden: „Wir machen den Weg frei". Einfach, klar, konkret. Wie elegant dieser Satz ist, hat keine Bedeutung. Emotional schreiben können Sie an anderen Stellen in Ihrem Text – vor allem im nächsten Spüren-Teil. Aber im Agieren-Satz zählt nur, ob jeder versteht, was Ihr Angebot aktiv und konkret als Hilfs-Leistung für den Leser unternimmt.

Oft wird der Agieren-Satz vergessen, weil er vielen Textern zu banal erscheint. Dabei ist er der zentrale Satz in jedem Text. Wenn Sie nicht zumindest einmal klar und deutlich schreiben, was Sie ganz konkret als Leistung anbieten, rauscht ihr Text am Leser vorbei „wie ein Schiff am Horizont in einer dunklen Nacht" (David Ogilvy).

Außerdem erdet der Agieren-Satz Ihr Denken und Ihre Suche nach Worten für das Thema Ihres Textes. Sie und Ihre Leser wissen damit, worum es Ihnen und Ihrem Angebot geht. Ihnen wird klar, welche „Mission" Sie haben, z.B. das Thema „Weg-Bereiter" oder „Weg-Befreier".

Suchen Sie solche Doppel-Worte in der Agieren-Phase, damit Sie wissen, wofür Ihr Angebot steht, welche „Rolle" es für Ihre Leser spielen soll. Denn jedes Produkt spielt eine Rolle und steckt wie jeder Mensch in einer gedanklichen Schublade, auch wenn er oder sie das eigentlich nicht will. Wir brauchen Unterscheidung für Entscheidungen. Freund oder Feind? Influenzer oder Mitläufer? Junior- oder Senior-Texter? Einer ist der „Zucker-Künstler" auch wenn er eigentlich nur Bäcker ist. Aber seine Brote und Kuchen sind kreative Kunstwerke. Der andere Bäcker ist „Omas Liebling", weil er die leckersten Traditionskuchen backt.

Schreiben Sie Ihr Themen-Missions-Doppel-Wort als Gedanken-Stütze auf einen Zettel neben Ihrem Computer oder neben Ihr Schreibblatt. Damit Sie bei der Text-Entwicklung niemals vergessen, welche Rolle Sie für Ihre Leser spielen.

Ihr Doppel-Wort wird auch Ihren Agieren-Kurz-Satz schärfen. Wenn Sie Ihr Doppel-Wort mit einem Verb ergänzen, entsteht fast automatisch ein guter Agieren-Aktiv-Satz. Zum Beispiel „Weg-Bereiter": „Wir machen den Weg frei". Oder „Kompetenz-Geber": „Das SALE-System macht Sie ohne Vorwissen zum Werbe-Texter."

Je klarer dieser Satz, desto klarer wird auch, wann er besonders überzeugend ist: wenn es eine Situation gäbe oder gibt, für die der Agieren-Satz die perfekte Auf-Lösung ist. Diese Situation recherchieren Sie in der nächsten Station: dem Spüren-Feld (4). Hier suchen Sie ein Problem bei Ihren Lesern, das ideal zu Ihrer Lösung des bereits gefundenen Agieren-Lösungs-Satzes (3) passt.

WER HAT WELCHES PROBLEM?

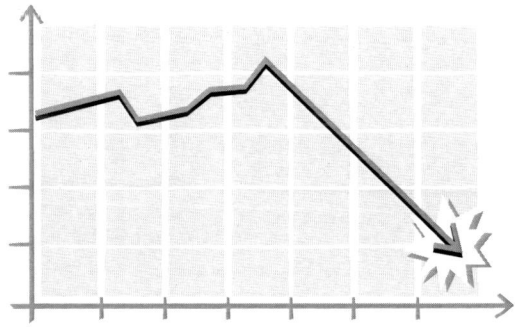

„Das Geheimnis des Erfolges ist, den Standpunkt des anderen zu verstehen." Versetzen Sie sich wie Henry Ford in die Lage Ihrer Kunden. Es sind Menschen wie Sie und ich. Obwohl deren Alltag und Beruf anders aussieht als bei Ihnen, hat jeder von uns bei der Bewältigung Probleme, Wünsche, Hoffnungen. Spüren Sie diese auf und stellen Sie sich vor, wie stotternd das Leben Ihrer Leser bisher ohne Ihr Angebot verläuft.

Empathie ist dabei der Schlüssel. Können Sie Ihre Leser mitten im Berufs- oder Privat-Leben auf- Spüren oder schaffen Sie nur eine unpersönliche Einleitung? Machen Sie die Augen zu und besuchen Sie Ihre Leser in Gedanken. Wählen Sie aus der Masse einen ganz bestimmten Menschen als Ihren Leser heraus. Setzen Sie sich in Ihrer Fantasie zu ihm, in sein Leben, an seinen Arbeitsplatz in sein Freizeit-Umfeld. Werden Sie zu einem Freund seines Lebens.

Die Werbeagentur Jung von Matt baute für Top-Kreative auf der Suche nach massentauglichen Werbe-Ideen „Deutschlands Wohnzimmer", einen Extra-Raum in der Agentur, eingerichtet mit den immer aktuell meistverkauften deutschen Möbeln und Wohn-Accessoires. In diesem Umfeld nach dem Geschmack der Deutschen fanden die Texter leichter die passenden Worte.

Haben Sie bei der Gedanken-Reise in die Büro- und Lebens-Räume Ihrer Leser keine Angst vor deren persönlichen Problemen und Wünschen. Je authentischer Sie Probleme beschreiben können, desto mehr wird man glauben, dass Sie Ahnung haben, und Ihnen Vertrauen schenken.

Der Verhaltensforscher Ernest Dichter umschrieb das so: „In den meisten Fällen kaufen wir ein Produkt, entscheiden uns für einen Kandidaten, fahren in das eine oder andere Land, entwickeln die eine oder andere Haltung in unserem Leben, weil wir uns mit der Seele der zu wählenden Ziele besser identifizieren als mit anderen. Wir haben das Gefühl, dass wir besser verstanden werden, dass es eine Affinität zwischen einem selbst und dem Produkt der Wahl gibt.“

Ohne dieses Vertrauen, ohne die Sicherheit, verstanden zu werden, öffnet sich niemand. Nur wenn Ihr Gesprächspartner glaubt, Sie respektieren und verstehen ihn und sein Problem, bekommen Sie eine Chance für Ihren Vorschlag zur Lösung des Problems.

Also suchen Sie nach Punkten, an denen Sie sich treffen können. Was beschäftigt Ihre Leser? Welche Problem-Situation ist bekannt? Immer im Zusammenhang mit Ihrem Lösungs-Angebot. Beginnen Sie Ihren Spüren-Satz in Gedanken mit den Worten: „Sie kennen das …“ Er-Spüren Sie das ideale Problem, das Ihr Angebot im Agieren-Satz lösen kann. Ihre Leser werden dann schneller verstehen, wie wertvoll Ihre Lösung ist.

Sprechen Sie in der Spüren-Einleitung Ihren Lesern aus dem Herzen. Nutzen Sie Zitate, Redewendungen, Umgangs-Sprache aus der Welt Ihrer Leser. Die Einleitung muss nicht Ihnen gefallen oder Ihrem Auftraggeber, sondern Ihren Lesern. Achten Sie hier weniger auf eine formal korrekte Sprache. Fragen Sie sich nur: „Mit welchen, ehrlichen Worten würden meine Leser das Problem beschreiben?“ Nehmen Sie Goethe als Vorbild: „Schreibe, wie du reden würdest, so wirst du einen guten Brief schreiben.“

Die Unterzuckerung zwischen den Mahlzeiten des Tages kann eine gute Vorlage für den „kleinen Hunger" sein, der mit einer Portion Milchreis besänftigt wird. Sätze wie „Wenn`s mal wieder länger dauert" oder „Du bist nicht du, wenn du hungrig bist" sind „volksnahe" Hinführungen zu einer Lösung durch Karamell-Riegel.

„Dorsalgie" und „Lumbago" sind für Sie hoffentlich Fremdworte. Außendienstler, Taxifahrer, Vielfahrer kennen diese Fachbegriffe für ein Problem an der Bandscheibe. Wenn Sie damit Ihren Werbe-Text für eine Limousine beginnen, wird Ihr Text nicht alle Leser erreichen, aber die richtigen. Sie werden von „Leidensgenossen" sofort verstanden und akzeptiert. Genau diese Menschen werden sich öffnen und bereit sein, Ihre Lösung zu lesen: einen Agieren-Satzes mit dem Versprechen, dass der „multifunktionale Kontursitz beim Sitzen massiert".

Wenn Sie für einen Computer-Service werben, der andere Computer per Fern-Wartung kontrollieren und reparieren kann, wäre ein beruhigendes Agieren-Versprechen: „Wir warten und reparieren Ihre Systeme per Online-Direkt-Hilfe."

Doch wen interessiert das? Menschen in Unternehmen, die täglich darauf angewiesen sind, dass die Computer-Infrastruktur reibungslos funktioniert. Für die formulieren Sie als Vorlage für Ihren Agieren-Satz die beunruhigende Spüren-Einleitung: „Sie befürchten, dass Fehler in Ihrem Firmen-Netz zu spät erkannt werden und Ausfälle die Folge sind?" „Wir warten und reparieren Ihre Systeme per Online-Direkt-Hilfe."

Bei dem kleinen Werbe-Text zur Texter-Fibel steht im Spüren-Teil: „Sie sind unsicher beim Schreiben und Verbessern von Texten?", nur um Sie für meine Lösung zu motivieren, die im Agieren-Teil kommt: „Das SALE-System macht Sie ohne Vorwissen zum Werbetexter."

Der Spüren-Teil hat immer nur einen Zweck: Die Lösung im anschließende Agieren-Teil relevanter, zwingender, schmackhafter zu machen. Also packen Sie Ihre Leser in der Spüren-Einleitung bei offensichtlichen Nachteilen, Problemen, die ohne das Angebot bestehen, damit der dann folgende Agieren-Lösungs-Satz auf fruchtbaren Boden fällt.

Haben Sie den Film „The Wolf of Wall Street" gesehen? Auch wenn das wahre Leben des „Wolfes" nicht unbedingt der Nachahmung dient, verinnerlichen Sie das Grund-Rezept seiner Verkaufs-Erfolge, das in einer Szene des Films mit der Metapher eines Kugelschreibers verdeutlicht wird:

Wenn Sie einen Kugelschreiber verkaufen möchten, können Sie viel zu den Fakten der Lieferung sagen, dass der Kugelschreiber eine besonders feine Mine hat, gut in der Hand liegt und besonders lange schreibt. Diese Fakten nützen aber wenig, wenn der potentielle Käufer des Kugelschreibers keine Relevanz für den Kauf sieht.

Diese Relevanz kommt, wenn Sie die Aufmerksamkeit zunächst auf ein Problem lenken: „Können Sie mir bitte kurz Ihren Namen aufschreiben?" Wenn der Kunde dann antwortet: „Ich habe gerade keinen Kugelschreiber" ist er „reif" für Ihren Kugelschreiber.

Obwohl das Beispiel nicht direkt auf Ihren nächsten Text übertragbar ist: Machen Sie die Grund-Einstellung hinter dieser Film-Szene zu Ihrem Erfolgs-Geheimnis: Ihr Angebot ist immer die Lösung! Sie müssen als Texter „nur" nach einem passenden Problem suchen, das damit gelöst wird!

Dieses „Ping Pong" aus Problem und Lösung, Spüren und Agieren bestimmt den Kern guter Überzeugungs-Arbeit mit Worten. Wenn beide Elemente zusammenpassen, wenn Ihr Agieren-Satz die Lösung für die Problem-Beschreibung im Spüren-Satz ist, wird Ihr Angebot spannend und relevant für den Leser und damit überzeugend. Warum sollte man sich für Ihr Angebot interessieren? Weil es ein Problem löst!

Wenn Sie jetzt fragen: „Wo bleibt das Positive? Muss man immer mit einem Problem beginnen?" Natürlich könnte ich bei dem Werbetext für die Fibel auch „mit der Tür ins Haus fallen" und ohne Einleitung direkt den Agieren-Satz verkünden: „Das

SALE-System macht Sie ohne Vorwissen zum Werbetexter".

Das wäre eine Behauptung, die Leser vielleicht schnell auf-
schnappen, aber auch schnell wieder vergessen, weil sie ohne
emotionale Verankerung ist. Denn es bleibt die Leser-Frage:
„Was hat das mit mir zu tun?" Doch dafür müssten Sie den
Leser zunächst abholen, bei seinen Wünschen und Problemen.

Der Text könnte aber auch im Spüren-Teil positiv beginnen: „Sie
haben Lust am kreativen Schreiben und haben bereits erste
Erfolge mit Ihren Werbetexten?" Dann wäre der Agieren-Satz
„Das SALE-System macht Sie ohne Vorwissen zum Werbetexter" keine Lösung, weil ich Ihnen bereits in der positiven Einleitung unterstellt habe, dass Sie eigentlich schon Werbetexter
sind. Stattdessen müsste ich als Agieren-Lösung schreiben:
„Die Texter-Fibel bringt Ihnen die Feinheiten guter Werbetexte
bei."

Doch das kann die Fibel gar nicht liefern. Ich hätte also spätestens nach dem Agieren-Satz ein Problem. Genau deshalb
gibt es vor dem SALE Weg (5–8) den Recherche-Weg (1–4).
Und der beginnt bei den Liefer-Fakten. Auf der Basis dieser Argumente können Sie ein Versprechen formulieren, das passt
und das eine echte Lösung für ein echtes Problem oder Be-
dürfnis ist.

Wie nützlich die gefundenen Worte der Recherche-Phase (1–
4) außerdem sein können, wenn Sie häufiger fragen: „Was
heißt das?", zeige ich Ihnen jetzt an der letzten Station der Re-
cherche-Reise: der Headline.

GEGENSÄTZE ZIEHEN AN

Willkommen am Höhe-Punkt Ihrer Text-Arbeit: Bei der Headline, dem „Appetit-Happen" für den danach folgenden SALE-Text (5–8). Drei bis ca. dreizehn Worte entscheiden jetzt darüber, ob Ihre Leser den weiteren Text lesen oder aussteigen.

Doch wann ist eine Headline „gut"? Wenn sie laut ist? Kurz oder erklärend? Oder provokant? Oder wenn sie zu einem populären Slogan wird? Meine persönliche Meinung: Eine Headline ist gut, wenn sie das Thema spannend auflädt und Lust auf den nächsten Schritt macht, auf eine direkte Handlung oder auf das Weiter-Lesen. Dafür müssen Sie bei Ihren Lesern Motivation also Energie anregen. Reibung erzeugt Energie. Bauen Sie Energie zum Weiter-Lesen auf, indem Sie zum Mit-Denken animieren!

Suchen Sie für zwei verschiedene Gedanken ein gemeinsames „Spiel-Feld" im Kopf. „Das Gehirn ist der größte Kinosaal der Welt" (Ridley Scott). Bieten Sie den Gehirn-Hälften Ihrer Leser zwei Gedanken als Haupt-Darsteller an, für einen selbst-gedachten Kurz-Film im Kopf:

„Am Anfang waren Himmel und Erde. Den ganzen Rest haben wir gemacht" (Das Handwerk), „Adam und Eva wurden aus dem Paradies vertrieben. Wir fliegen Sie jeden Tag hin" (TUI),

„Günstig zu Tante Helga. Und zu Uncle Sam" (Eurowings), „Der erste Daimler war ein Motorrad" (Mercedes-Benz), „Deutschland hat 7% Analphabeten. Warum sitzen die alle bei Ihnen?" (Wieners + Wieners Lektorat), „Natürlich können Sie auch einen Biber nehmen. Aber der liegt nicht so gut in der Hand" (Stihl Motorsägen), „Wer fühlen will, muss hören" (Radio), „Spar dich reich" (Media Markt), „Werde unsterblich. Bau eine Treppe" (Hornbach), „235 Pferde. Und zwar nicht die süßen vom Ponyhof" (VW Golf GTI), „Engel kann man nicht kaufen. Aber man kann ihnen begegnen" (Merci Schokolade), „Für Väter, die Wert auf pünktliche Urururenkel legen" (IWC Uhren), „Für Frauen und Männer ab fünf" (Super RTL), „Das Schwarze mit der blonden Seele" (Köstritzer Bier), „Halber Preis fürs ganze Volk" (Die Bahn), „Wir können alles. Außer Hochdeutsch" (Baden-Württemberg).

Durch Ihre Recherche (1–4) haben Sie sich einen Fundus an Stichworten, Fakten, Beobachtungen geschaffen, mit denen Sie jetzt „spielen" können. Verbinden Sie zwei dieser Recherche-Informationen zu einem Gedanken, der überrascht.

Bei ebay gehört zu den „Liefer-Fakten", dass Sie wie bei einer Auktion mitbieten können. Auktionen enden mit den Worten: „Zum Ersten, zum Zweiten, zum Dritten…Verkauft!". Gleichzeitig Spüren Sie als Auktions-Teilnehmer bei ebay, wie spannend das Mitfiebern auf ein Ziel sein kann: „Hoffentlich ist das Objekt der Begierde am Ende meins." ebay hat beide Elemente in einer der effizientesten Kampagnen aller Zeiten zu der Headline verbunden: „3…2…1…meins!" Liefer-Fakten plus Gespür für die Wünsche der Kunden.

Forscher der LMU in München haben herausgefunden, dass der Mensch drei Sekunden braucht, um einen Gedanken zu erfassen. Dabei verbindet das Gehirn Bekanntes mit Neuem zu einer Botschaft, über die dann gelacht, geweint, gestaunt werden kann. Drei bis dreizehn Worte in ca. drei Sekunden Lesezeit entscheiden also darüber, ob Ihre Leser berührt, schockiert, amüsiert, irritiert, motiviert weiterlesen.

Versuchen Sie es auch: verbinden Sie für Ihre Headline das

Bekannte mit dem Neuem! Bieten Sie den Köpfen Ihrer Leser etwas Arbeit an, in Form von zwei Gedanken, Worten, Elementen aus Ihrem Text, die zunächst kaum zusammenpassen. Wenn Ihre Leser es schaffen, die beiden Gegen-Pole im Sinne Ihres Themas zu verbinden, wird das Glücks-Hormon Dopamin die Belohnung sein. Ihre Leser starten dann beglückt die Weiter-Reise durch Ihren Text.

Oft stecken die besten Roh-Stoffe für überraschende, motivierende Headlines in den Fakten rund um Ihre Lieferung. Beleuchten Sie die Informationen, die im Augenblick noch trocken und leblos vor Ihnen liegen mit der Frage „Was heißt das?"

Die Direktheit dieser Frage erzeugt fast automatisch einfache Antworten. Vielleicht auch erst, wenn Sie nach der ersten Antwort weiterfragen: „Was heißt das?" Aber wenn Sie dranbleiben und wirklich wissen möchten „was das heißt", bekommen Sie schon bald einen ehrlichen, leicht verständlichen Satz, der Sie zu neuen Gedanken inspiriert. Beim Schreiben Ihres SALE-Textes genauso wie beim Bau Ihrer Headline.

Legen Sie Kleinigkeiten auf die Goldwaage, suchen Sie nach Metaphern, nach Bildern für die Stichworte, die Sie bisher gesammelt haben. Erinnern Sie sich an den Satz von Bill Bernbach: „Bring dead facts to life and make them memorable". Graben Sie einen Schacht in den Fakten-Berg, der sich vor Ihnen auftürmt. Vielleicht ist es Sandstein, aus dem Sie Bilder für Ihren Text formen können.

Fachworte sind dabei oft nur Schutz-Wälle vor unliebsamen Rückfragen. Es gehört Mut dazu, ein Fachwort zu hinterfragen. Aber als Texter können Sie es wagen zu fragen. Sie zeigen damit Ihr wirkliches Interesse an der Aufgabe - was am Ende oft mehr gewürdigt wird, als Opportunisten, die nur das „Fach-Chinesisch" der Auftraggeber weiterplappern.

„Wenn man etwas nicht einfach erklären kann, hat man es nicht verstanden" meinte schon Albert Einstein. Wer nicht bereit ist, von hohen Sprach-Podesten herunterzusteigen, wird den Abstand zu Lesern vergrößern und nur schwer die Herzen für ein Thema gewinnen. Menschen begeistert man leichter durch verständliche Worte.

Das bedeutet kein tiefergelegtes Niveau der Sprache. Sie können die simple Erklärung auch sprachlich elegant formulieren. Aber Sie bekommen durch Ihr Hinterfragen einen neuen Fundus, aus dem Sie schöpfen können. Zum Beispiel für die Headline, die dann leichter und interessanter zum Thema heranführt.

Eine ähnlich schwere Verständnis-Mauer wie Fachworte bilden oft englische Worte. Bitte bedenken Sie immer, dass entsprechend einer Untersuchung des Instituts für Demoskopie Allensbach nur 40 % der Menschen in Deutschland bestätigen, dass sie Englisch gut verstehen und sprechen. 60 % verstehen und sprechen Englisch nur mittelmäßig bis schlecht. Und das unverändert seit Jahren! Willkommen in der Realität statt in den Wunsch-Welten abgehobener Agenturen und Konzerne, die meinen, dass Englisch eine Welt-Sprache ist, die jeder versteht.

Das ist kein Plädoyer für mehr „Deutschtum", ich bin nur pragmatisch: Wenn man Sie verstehen soll, müssen Sie sicher sein, dass Ihre Wortwahl decodiert werden kann. Fachbegriffe sind deshalb genauso gefährlich wie englische Worte. Sagen und schreiben Sie einfach in Deutsch oder wenn, dann in einfachstem Englisch, damit jeder zumindest die Chance hat, Sie zu verstehen.

Suchen Sie immer wieder mit der Frage „Was heißt das?" nach den einfachsten Worten für Ihren Text und wählen Sie dabei häufig Metaphern, um Fakten lebendig zu machen. Die Kräuterlimonade „Almdudler" fand z.B. für die Besonderheit der Inhaltsstoffe einen überraschenden Vergleich: „Unsere Alpenkräuter wachsen in 2.000 Metern Höhe. Für alle Stadtkinder: Das ist ungefähr im 747sten Stock."

Wenn Sie für eine Auto-Alarmanlage werben und bei der Suche nach spannenden Fakten recherchieren, dass es pro Jahr 700.000 Autoeinbrüche gibt, dann stellen Sie sich die Frage: „Was heißt das?" Umgerechnet heißt das: 1.917 pro Tag, 79 pro Stunde, 1,3 pro Minute. Wenn Sie nun einen langen Text haben, der gelesen werden soll, und Ihre Leser dafür wahrscheinlich 13 Minuten Lesezeit brauchen, dann heißt das: 13 Minuten geteilt durch 1,3 pro Minute = 10 Einbrüche in 13 Minuten.

Nach diesem kleinen Mathe-Exkurs bringen Sie die zwei Gegen-Pole in einer Headline zusammen: Die Zeit des Lesens und die Zahl der Einbrüche: „Während Sie diesen Text lesen, werden wieder zehn Autos aufgebrochen." Spannung, Reibung, Aktivierung zum Weiterlesen durch zwei Elemente, die in einer Zeile zusammenwachsen.

Stellen Sie sich vor, Sie werben für eine Box mit verschiedenen Gebäck-Stücken. Wann wird das Gebäck angeboten? Zum Kaffee oder Tee. Wie heißt dieser Moment? Zum Beispiel „Kaffee-Klatsch". Fassen Sie dann die Begeisterung für die Gebäck-Stücke zusammen: „Worüber man beim Kaffee klatscht."

Wenn Sie für Öko-Fleisch werben und in den Fakten Ihrer Lieferung recherchiert haben, dass die Schweine vor der Schlachtung „ein gutes Leben" hatten, dann fragen Sie nach: „Was heißt das?" Vielleicht erfahren Sie, dass die Schweine auf Wiesen statt nur in engen Ställen leben, dass die Schweine hochwertiges Getreide statt nur Abfälle und Mastmittel als Futter bekommen. Wenn Sie sich dann wieder fragen: „Was heißt das?", kommt vielleicht der Gedanke zum Vorschein, dass die Schweine eigentlich heute so leben wie früher in der „guten alten Zeit". Dann ist der Weg auch nicht mehr weit bis zu einer Zeile wie: „Es gibt wieder Schweine, die leben wie die Schweine."

Und vielleicht entsteht anschließend durch die Würdigung der entsprechenden Öko-Bauern eine weitere Zeile: „Es gibt wieder weniger Schweine unter den Bauern." Plötzlich haben Sie eine „Es gibt wieder …"-Headline-Schablone gefunden für alle weiteren Werbemittel. Jetzt muss nur noch der Kunde diese direkte, authentische Sprache so mögen wie Sie. Im entsprechenden Fall lebte der Öko-Fleisch-Anbieter mehr als

20 Jahre sehr erfolgreich mit dem Sprachduktus.

Eine der berühmtesten Anzeigen der Werbegeschichte hatte eine Headline, die sich lediglich auf eine Entdeckung in den Fakten der Lieferung konzentrierte. Beim Besuch der Produktionsstätten fragte der Texter nach, als der Kunde behauptete, seine englischen Luxus-Autos seien „besonders leise": „Was heißt ‚besonders'?" Ein Techniker gab daraufhin einen wunderbaren Vergleich als Antwort: „Bei 100 km/h ist das lauteste Geräusch das Ticken der Elektrik-Uhr." Der Texter übernahm den überraschenden Vergleich als Headline für die Anzeige und nannte sogar den Techniker als Zitatgeber am Anfang des Werbetextes.

Das Beispiel zeigt: Im Kleinen erkennt man das Große. Durch die „laute" Uhr wird der Innenraum des Wagens automatisch leise. Machen Sie es ähnlich: Suchen Sie in den Details Ihres gesammelten Inputs aus der Recherche-Phase (1–4) und mit Hilfe der Frage „Was heißt das?" nach spannenden Gegensätzen für eine überraschende Headline zum Mit-Denken. Als Motivation für die Lektüre des nun folgenden SALE-Textes.

GEDANKEN WERDEN WEGE

Durch Ihre Antworten auf die Fragen entlang der Recherche-Phase (1–4) haben Sie sich einen hoffentlich logisch passenden Argumentations-Weg gebaut und vielleicht auch schon eine Headline platziert.

Ordnen und filtern Sie jetzt alle gefundenen Stich-Worte und Sätze vor dem Hintergrund Ihres Themas, das spätestens mit dem Agieren-Satz deutlich wurde. Kringeln Sie die Worte ein, die zu Ihrem Thema passen. So knüpfen Sie aus dem Durcheinander an Schlag-Worten und Roh-Sätzen eine schlüssige Gedanken-Kette, die Sie nun in der SALE-Text-Phase (5–8) „glätten":

Schaffen Sie beim Spüren (5) Nähe, schmücken Sie das beste Problem-Feld, das Sie in der Recherche-Phase gefunden haben, mit authentischen Situations-Beschreibungen aus.

Geben Sie danach in der Agieren-Station (6) eine aktive Hilfs-Antwort als Lösung. Schleifen Sie den Satz zu einer leicht verständlichen und einprägsamen „Mission".

Ihren Agieren-Satz begründen Sie dann in der Liefer-Station (7) durch die wichtigsten, höchstens drei Fakten, die Ihren zuvor genannten Agieren-Hilfs-Satz (6) beweisbar machen.

Abschließend stärken Sie in der Erzielen-Station (8) die Lust auf den positiven Effekt, der nach dem Kauf Ihres Angebots eintreten wird.

Beziehen Sie sich dabei auf den Spüren-Satz (5), indem Sie jetzt unter (8) ein Positiv-Ergebnis als Besserung des einleitend beschriebenen Problems in Aussicht stellen und dem Leser eine goldene Zukunft mit dem Angebot versprechen.

Reduzieren Sie Ihre Sätze so klein wie möglich, damit der Leser ihrer Gedanken-Kette leichter folgen kann. Wenn Sie mehr schreiben müssen oder möchten, schaffen Sie sich für jedes Thema Ihres Angebotes eigene Text-Blöcke.

Bei dem Werbe-Text für diese Fibel könnte ich zum Beispiel nach den Ihnen bereits bekannten Worten folgenden Text ergänzen: „S: Sie möchten außerdem wissen, wie Sie bessere Headlines schreiben? A: Das SALE-System macht Sie auch zu einem guten Headliner. L: Denn Sie erfahren, welche Zutaten eine aktivierende Headline braucht. E: Damit Sie in Zukunft Headlines schreiben, die Menschen zum Handeln und Weiterlesen animieren."

In diesem SALE Rhythmus könnten weitere Themen nacheinander beschrieben werden. Es dürfen aber keine Vermischungen den Leser verunsichern. Immer ein Thema nach dem anderen. Sie müssen nur entscheiden, welches Thema die „Pole-Position" hat und welches weiter nach hinten gehört.

Vielleicht schreiben Sie im ersten Block etwas zum wichtigsten Thema, z.B. über die maßgeschneiderte Lösung Ihres Angebotes für den Leser. Im nächsten Text-Block schreiben Sie über die Anwender-Freundlichkeit und dann über das Thema Qualität oder Langlebigkeit oder wählen Sie jeweils andere passende Themen - immer nach dem SALE-System aufgebaut.

Bleiben Sie authentisch und relevant. Schreiben Sie mit der Begeisterung, die Sie selbst für Ihr Produkt, Angebot, Unternehmen empfinden. Seit der Recherche-Phase (1–4) wissen Sie, welches Thema Sie haben, was Ihr Angebot Gutes kann und bewirkt. Schreiben Sie jetzt in der SALE-Text-Phase (5–8) mit dieser positiven Grund-Haltung und beachten Sie dabei das Rezept von Joseph Pulitzer, dem Vater aller guten Reporter: „Schreibe kurz – und sie werden es lesen. Schreibe klar – und sie werden es verstehen. Schreibe bildhaft – und sie werden es im Gedächtnis behalten."

Wolf Schneider, der langjährige Leiter der Hamburger Journalistenschule hat in seinem Buch „Deutsch! Das Handbuch für attraktive Texte" die wohl beste Zusammenfassung der wichtigsten Stil-Regeln für Texter geschrieben:

„Man forme aus kräftigen Wörtern schlanke Sätze – Sätze ohne Verrenkungen, Girlanden und Hängebäuche; Sätze, die stark und transparent sind und vorwärtsstreben wie ein Pfeil. Man wäge die Wörter im Streben nach Kürze, würdige die Überlegenheit der Verben, schreibe kurzweilig und nicht langweilig, muskulös und nicht fett, körnig und nicht seifig, konkret und nicht abstrakt, anschaulich und nicht schwer durchschaubar im Nebel der Begriffe. Man vermeide den Jargon, stelle ihn grundsätzlich infrage, und hüte sich, abgedroschene Wahrheiten mit aufgeblasenen Backen zu predigen."

Im folgenden Kapitel werden wir das SALE-System nun mit Leben füllen, indem wir es Schritt für Schritt anwenden.

HEUTE IM ANGEBOT: BANANEN

Machen wir die Theorie zur Praxis: Nutzen wir das SALE-System für den Verkauf einer Banane. Die Banane hat vieles von dem, was gewöhnliche Angebote auch haben: eine Verpackung, gute Inhaltsstoffe und einen prägnanten Namen. Wie bei jedem anderen Angebot gibt es auch für die Banane Konkurrenz, z.B. Mango und Papaya.

Gleichzeitig ist die Banane ein Angebot, zu dem Sie wahrscheinlich schneller einen Zugang finden, als zu komplizierten Investitionsgüter-Angeboten – was Ihre erste Trainings-Reise durch das SALE-System etwas erleichtert.

Kopieren Sie jetzt den Spick-Zettel am Ende der Fibel und legen Sie sich ein leeres Blatt neben die Kopie. Unterteilen Sie Ihr leeres Blatt in vier Felder entsprechend den Frage-Feldern des Spick-Zettels.

Auf den folgenden Seiten führe ich Sie ausführlich und in Alternativen Schritt für Schritt zu den Stationen des Systems. Reflektieren Sie an jedem Punkt, welche Antworten auf die Fragen möglich sind. Übertragen Sie meine Antworten in Ihr Blatt mit den vier Feldern. Achten Sie dabei vor allem darauf, dass jede Antwort an der richtigen Stelle steht, also eine passende Antwort auf die jeweilige Frage des Spick-Zettels ist. Nur dann kann am Ende eine schlüssige Gedanken-Kette vor Ihnen liegen.

Wir beginnen zunächst mit der Recherche-Phase an Punkt (1) bei der Lieferung, also bei den Fakten rund um die Banane. Was wissen Sie über die Banane?

Dazu ist kein Wissenschaftler gefragt, sondern der Redakteur in Ihnen: Suchen Sie nach Plus-Punkten für Ihre Banane. Vergessen Sie alles Negative, wie mögliche Pestizide und Mängel bei der Ernte, konzentrieren Sie sich nur auf das Positive.

Wenn Sie – wie so oft im Texter-Leben – zu wenig über Ihr Produkt wissen, surfen Sie zur Homepage des Bananen-Herstellers oder in den sichersten Hafen für Informationen: Wikipedia. Hier finden Sie zu fast jedem Thema ein paar valide Fakten, Inhalte, Highlights, auch für Ihre Banane:

„Die essbaren Früchte sind reich an Vitaminen (Vitamin A und C), Mineralstoffen (insbes. Phosphor, Eisen, Kalium, Magnesium, Mangan, Kupfer), Zucker und Ballaststoffen" steht zum Beispiel bei Wikipedia. Das ist doch schon mal ein Anfang. Da steht also etwas von Vitaminen, von natürlichem Zucker und von Ballaststoffen.

Außerdem finden Sie auch unterstrichene Worte, über die Sie mit einem Klick zu weitergehenden Informationen kommen. Zum Beispiel lesen Sie nach einem Klick auf das Wort „Ballaststoffe": „Ballaststoffe quellen im Magen auf und sorgen durch die Zunahme des Volumens für eine Verstärkung des Sättigungsgefühls." Bingo!

Durch den Liefer-Fakt „Ballaststoffe" kommen Sie an Punkt (2) mit der Frage „Was hat der Leser davon?" zu dem Erzielen-Effekt: „Die Banane macht satt", vielleicht sogar „länger satt".

Außerdem haben Sie als Liefer-Stoff „Vitamine". Die können folgenden Alternativ-Effekte Erzielen: „Die Banane macht gesund" oder: „Die Banane hält gesund"? Ein kleiner, aber feiner Unterschied.

Zusätzlich findet sich unter den Fakten der Lieferung auch der natürliche Frucht-Zucker. Was könnte der an Punkt (2) als Effekt Erzielen? Vielleicht gibt der Zucker Energie? Wofür? Für den nächsten Marathon oder für lange Büro-Meetings oder für die anstrengenden Schultage kleiner Kinder? Vielleicht macht der Zucker aber auch glücklich?

Die Entscheidung für den „richtigen" Effekt im Erzielen-Teil hängt damit zusammen, welcher Effekt für wen wichtig ist, also an wen Sie sich mit Ihrer Banane wenden: ist es der hungrige, nach Sättigung suchende Leser? Oder der besorgte Leser, der im Herbst Angst hat, sich in der U-Bahn Erkältungs-Bakterien einzufangen („hält gesund")? Oder der bereits verschnupfte Leser, der sich Vitamine als Gegenmittel wünscht („macht gesund")? Oder der Jogger, der einen Energie-Schub braucht?

Sie müssen sich entscheiden, wem Sie die Banane verkaufen möchten. Der Mutter, dem Jogger, dem Kranken, der gestressten Managerin im Büro oder dem frustrierten Arbeiter, der sich in seinem grauen Alltag nach etwas „Dolce Vita" sehnt?

Wenn Sie sich alle Menschen als Leser vorstellen, werden Sie niemanden ganz gewinnen. Da jeder Leser andere Interessen und Wünsche hat, können Sie niemals alle erreichen. Sie müssen sich auf bestimmte Leser konzentrieren. Und damit bei der Frage „Was hat der Leser davon?" auf nur einen Erzielen-Effekt.

Suchen Sie zunächst nach dem relevantesten Wunsch-Ziel eines Lesers Ihrer Wahl. Stellen Sie sich vor, wem Sie schreiben. Versetzen Sie sich in das Leben dieser einen Person.

Zum Beispiel könnte Ihr Leser ein Jogger sein, der bei einem Marathon mitlaufen möchte. Wonach sehnt er sich nach dem dreißigsten Kilometer, wenn er die letzten zwölf Kilometer noch vor sich hat? Vielleicht nach einem Energie-Schub für den Schluss-Weg ins Ziel? Oder wonach sehnt sich die Mutter eines kleinen Kindes, das sich täglich in der Schule beim Spielen mit anderen Kindern einen Schnupfen einfangen kann? Eine vitaminreiche Banane enthält dann gute Liefer-Argumente für den Erzielen-Effekt gesund zu bleiben.

Oder Sie konzentrieren sich auf die gestresste Managerin, die kaum Zeit für eine gesunde Mahlzeit hat, aber trotzdem auf der Suche ist nach einer lang anhaltenden Sättigung. Da kommt die Banane mit den Ballaststoffen als Liefer-Fakten genau richtig für den Erzielen-Effekt der Sättigung.

Oder braucht Ihre Managerin lieber eine Mahlzeit, die länger Energie gibt, als Effekt aus dem Liefer-Fakt des natürlichen Zuckergehaltes? Vielleicht konzentrieren Sie Ihre Gedanken-Kette dann lieber auf das lange, energiefressende Leben im Büro, statt auf den Marathon-Läufer.

Sie können als Leser nur einen Gedanken „verdauen". Also konzentrieren Sie sich pro Text auf ein Ziel (2), einen Effekt, damit Sie leichter im Gedächtnis bleiben. Schreiben Sie für alle anderen Erzielen-Effekte, die Sie unter Punkt (2) gefunden haben, jeweils eigene Extra-Text-Blöcke mit eigenen Gedanken-Ketten entlang des SALE-Systems.

Die Entscheidung für einen Erzielen-Effekt hat zur Folge, dass Sie nun „reif" sind, unter Punkt (3) den Agieren-Satz als einfach strukturierte Hilfs-Lösung für Ihren ausgewählten Leser zu formulieren: „Die Banane macht (oder hält) länger satt." Oder: „Die Banane macht (hält) gesund." Oder: „Die Banane gibt neue Energie." Oder: „Die Banane macht glücklich."

Diese Agieren-Sätze klingen zwar so wie Ihre Erzielen-Worte. Doch mit dem folgenden Spüren-Erlebnis unter Punkt (4), werden Sie neue Gedanken ins Spiel bringen. Auf diese neuen Gedanken beziehen Sie sich dann zum Schluss Ihres SALE-Textes an Punkt (8). So können Sie Ihre bisherigen Erzielen-Worte korrigieren und gleichzeitig den Agieren-Satz stehen lassen.

Suchen Sie am Spüren-Punkt (4) nach einer gegenteiligen Situation zu Ihrem Agieren-Satz (3). Damit der zu einer strahlenden Lösung wird, brauchen Sie in der Spüren-Einleitung (4) eine Situation, die möglichst das komplette Gegenteil von dem ist, was Sie im Agieren-Lösungs-Satz (3) versprechen.

Wenn Ihr Agieren-Satz (3) heißt: „Die Banane macht länger satt.", dann suchen Sie für den Spüren-Satz (4) in der Welt Ihrer Leser nach Nahrungsquellen, die kürzer satt machen.

Gebäck oder andere mit Industriezucker produzierte Snacks haben oft den Nachteil, dass sie nur für kurze Zeit den Hunger stillen. Sie helfen spontan, wenn der kleine Hunger kommt. Aber schon vor dem ersten Meeting nach der Mittagspause ist alles verdaut und der Magen fordert lautstark eine Zugabe. Wie gut wäre dann ein Snack, der „länger satt macht" als Lösung.

Indem Sie den Alltag Ihrer Leser „spüren", sich mit etwas Fantasie die hastigen, ungesunden Mittagsbräuche gestresster Büromenschen ausmalen, schaffen Sie authentische Erlebnisse für die Spüren-Einleitung (4). Zusätzlich bekommen Sie eine neue Idee für den bisher noch ähnlich klingenden letzten Erzielen-Satz unter Punkt (2). Sie können jetzt statt „… hält länger satt" schreiben: „Damit Sie auch nach dem dritten Meeting keinen Hunger bekommen."

Nun fehlt „nur noch" eine Headline, die Ihren Text durch Gegensätze so zusammenfasst, dass man Lust bekommt ihn zu lesen. In den Liefer-Fakten steht, dass die Banane „länger wirkt". Wenn Sie diese Information mit dem Gedanken aus dem einleitenden Spüren-Satz einer „Pause" verbinden, könnte die Headline für diesen Text lauten: „Eine Pause, die länger wirkt."

Danach suchen Sie schönere Worte für Ihren SALE-Bananen-Text (5–8). Nehmen Sie dazu ein neues, leeres Blatt oder starten Sie Ihren Computer. Vielleicht klingt Ihr Text dann so ähnlich:

S: 12 Uhr mittags: Ihr Chef braucht die Präsentation bis 14 Uhr, aber Ihr Magen fordert lautstark eine Pause. Jetzt nur keine süßen Riegel, die viel zu schnell verdaut sind. A: Die Banane macht länger satt. L: Mit natürlichen Ballaststoffen, von denen der Magen länger mehr hat. E: Damit Sie auch das 17-Uhr-Meeting ohne Hunger überstehen.

Vielleicht nehmen Sie andere Worte für den Einstieg, vielleicht ist es nicht unbedingt der „süße Riegel", mit dem Sie Ihre Leser abholen, aber die SALE-Gedanken-Kette Ihres „Verkaufs-Gesprächs" führt direkt zu einem relevanten Grund für den Kauf Ihrer Banane.

Wenn Sie die anderen Liefer-Inhalte der Banane aus Punkt (1) beschreiben möchten, formulieren Sie weitere SALE-Text-Blöcke: Nehmen Sie z.B. die „energetischen" Inhaltsstoffe „reich an Vitaminen (Vitamin A und C), Mineralstoffen (insbes. Phosphor, Eisen, Kalium, Magnesium, Mangan, Kupfer) und Zucker" und formulieren Sie dafür unter Punkt (2) den Erzielen-Effekt, dass man nach dem Genuss einer Banane wieder „neue Energie für die nächsten Meetings" hat. Dann wächst fast automatisch unter Punkt (3) der Agieren-Satz: „Die Banane gibt frische Energie."

Auf der Basis dieses Lösungs-Angebotes (3) „erspüren" Sie für die Einleitung (4) „energiefressende" Probleme wie „Stress bei der Arbeit" oder „endlose Meetings". Wenn Sie sich dann wieder fragen „Was heißt das?", werden Sie vielleicht konkreter, indem Sie sich Präsentationen und Akten-Berge vorstellen, die bis zum Abend noch bearbeitet werden müssen.

Für Ihr neues Thema „Energie-Lieferant" suchen Sie dann für Ihre Headline auf der Basis Ihres Agieren-Satzes „Die Banane gibt frische Energie" nach entsprechenden Metaphern: Vielleicht ist es ein „Akku". Und wenn Sie sich gleichzeitig vorstellen, dass die „Akten-Berge" aus dem Spüren-Teil in der „Aktentasche" landen, könnte die Headline zum Hinweis auf die problemlose Mitnahme-Funktion Ihres „Energie-Lieferanten" werden: „Der Akku für die Aktentasche."

Danach folgt Ihr SALE-Text (5–8) der Gedanken-Kette: „S: 12 Uhr mittags: Ihre Kollegen denken an das Schnitzel in der Kantine und Sie an die drei Präsentationen, die Ihr Chef bis zum 14-Uhr-Meeting braucht ¬– und an die zwei Aktenordner, die Sie bis heute Abend noch korrigieren müssen. A: Die Banane gibt Ihnen Energie für große Werke. L: Denn Bananen enthalten viel Vitamin A und C, zusammen mit natürlichem Zucker und lebenswichtigen Mineralstoffen. E: Damit Sie auch nach der sechsten Korrektur der siebten Präsentation genug Kraft-Reserven haben."

Ein anderer Erzielen-Effekt bei Ihrer Recherche-Phase (1–4) war, dass Bananen „glücklich machen", z.B. durch die Liefer-Fakten „Frucht-Zucker" oder den süßen Duft einer reifen Banane. Vielleicht suchen Sie dann für den „Glücks-Effekt" der Banane nach weiteren Liefer-Fakten aus dem Anbau-Umfeld: Stellen Sie sich vor, woher die Banane kommt, wo sie wächst und geerntet wird. Zum Beispiel in Costa Rica, wo das Leben grundsätzlich etwas farbenfroher wirkt als im grauen Büroalltag.

Mit etwas Fantasie ergänzen Sie dann Ihre Liefer-Fakten unter Punkt (1) durch: „die Sonne Costa Ricas und das Urlaubs-Glück der Tropen". Damit kommt zwar etwas fantasievolle Idylle und „heile Welt" in Ihren Text, aber Sie haben mit diesen Fakten gute Beweise für den Erzielen-Effekt „macht glücklich". Sie können nun in Punkt (3) im Agieren-Satz sogar versprechen: „Die Banane macht Tropen-glücklich."

Und wieder suchen Sie danach im Spüren-Teil unter Punkt (4) ein passendes Gegenteil, also ein Beispiel für das „Unglücklichsein". Wieder bleiben Sie vielleicht im Büro-Alltag, nur ist der jetzt grau, trist, öde, damit die Banane mit etwas Sonne als Lösung im grauen Alltag Agieren kann.

Die Headline könnte dann die positive Bananenfarbe mit dem Alltag verbinden: „Bring Farbe in den Alltag". Und als Abbildung zeigen Sie dazu vielleicht zwei gemalte Punkte als Augen eines Gesichtes oberhalb einer real aufliegenden Banane, die dann wie ein Lächeln wirkt.

Danach schleifen Sie die Roh-Gedanken-Kette Ihrer Recherche (1–4) in der SALE-Text-Phase (5–8): S: Wenn sich der graue Alltag mal wieder endlos zieht, wenn die einzigen Höhepunkte das Booten des Computers und die Wahl des Tee-Beutels sind, dann bist du reif für ein bisschen Urlaub. A: Die Banane macht glücklich. Schon beim Essen. L: Denn in jeder Banane steckt die Urlaubs-Sonne der Tropen. Knack dir ein Stück vom Glück, E: damit der graue Alltag etwas bunter wird.

Vielleicht ergeben sich mit der Frage „Was heißt das?" bei den Glücks-Fakten der Lieferung unter Punkt (1) auch andere Gedanken: Was heißt Puerto Rico? Tropen, Sandstrand, Dschungel. Was heißt Dschungel? Palmen, Schlangen, Affen. Was heißt Affen? Affen lieben Bananen und sind glücklich – wenn nicht gerade ein paar Flöhe im Pelz stören. Ein ähnliches „Glücks-Gefühl" versprechen Sie mit Ihrem Bananen-Text. Also nutzen Sie das Forschungs-Ergebnis Ihrer Fakten-Recherche für eine „Glücks-Headline", wie zum Beispiel: „Was auch Affen glücklich macht." Vielleicht ändern Sie dann etwas Ihren bisherigen SALE-Text (5–8):

S: Wenn sich der graue Alltag im Büro-Dschungel mal wieder endlos zieht, wenn die einzigen Höhepunkte die Revierkämpfe der Chefs sind, dann bist du reif für ein bisschen Urlaub. A: Die Banane macht glücklich, schon beim Essen. L: Denn in jeder Banane steckt die Urlaubs-Sonne der Tropen. Knack dir ein Stück vom Glück. E: Damit der graue Alltag im Büro-Dschungel etwas bunter wird.

So können Sie mit dem SALE-System immer mehr als eine Gedanken-Kette knüpfen: Indem Sie für jeden Liefer-Fakt im Erzielen Teil einen eigenen Nutzen suchen und daraus dann im Agieren-Teil ein Versprechen formulieren, für das Sie im Spüren-Teil das Gegenteil suchen.

Machen Sie aus jeder Gedanken-Kette einen Extra-Text und setzen Sie Prioritäten, wann welcher SALE-Text-Block innerhalb Ihres Gesamt-Textes erscheint. Oder verteilen Sie Ihre gefundenen Gedanken-Ketten auf unterschiedliche Werbe-Medien.

Auf den Folge-Seiten finden Sie jetzt weitere Beispiele, die Sie in Gedanken und per Stift verfolgen können.

DENKEN UND SCHREIBEN SIE MIT

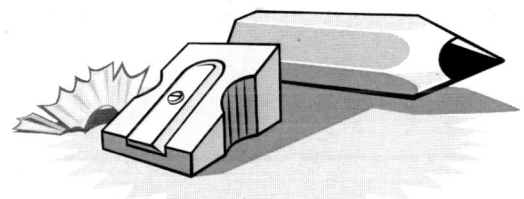

Damit Sie sicher werden im Umgang mit dem SALE-System, folgen nach der Banane jetzt weitere Beispiele, in denen aus wenigen Informationen verkaufende Texte entstehen. Die Beispiele beginnen immer bei den Fakten der Lieferung und suchen dann nach möglichen Sätzen für die anderen Felder im System.

Bitte sehen Sie die fiktiven Beispiele nur als Vorschläge. Die Worte sind bestimmt verbesserungswürdig. Aber in dieser Fibel geht es weniger um den Stil, sondern mehr darum, dass Sie das Denk- und Recherche-System verinnerlichen und trainieren. Der Rest, also die Lust an einer Optimierung der Worte, wächst automatisch mit Ihren Ansprüchen an einen guten Text.

Machen Sie mit: Nutzen Sie für jedes Beispiel ein neues Blatt mit den SALE-Feldern und füllen Sie es nacheinander mit den Sätzen aus den Beispielen. Suchen Sie dann nach eigenen Worten. Was fällt Ihnen selber als Antworten zu den Fragen der SALE-Stationen ein? Welchen Effekt sehen Sie für das jeweilige Angebot? Wo würden Sie den Leser berühren? Achten Sie nur darauf, dass am Ende eine Gedanken-Kette vor Ihnen liegt, in der jeder Satz schlüssig, logisch, nachvollziehbar zum nächsten passt.

Ich hoffe, dass Sie durch die Mit-Reise in den Beispielen Routine in die Abläufe bekommen und das Handwerk schon bei einer Ihrer nächsten realen Aufgaben live anwenden können – ob im Privat- oder Geschäfts-Leben.

DAS BETON-GOLD

Nehmen wir an, Sie haben die Aufgabe für Immobilien zu werben. Beginnen Sie Ihre Recherche zunächst an Punkt (1) bei den Liefer-Fakten: „Welche Inhalte beeindrucken?" Momentan sind die Zinsen günstig. Außerdem übersteht eine solide Immobilie die meisten Krisen der Welt. Auch einen Börsencrash. Vielleicht wächst dann ein erster Liefer-Satz: „Die eigenen vier Wände sind krisensicher und finanzieren sich fast von allein."

Danach fragen Sie sich an Punkt (2) in der Erzielen-Stufe: „Was hat der Leser davon?" Ihr Leser sucht wahrscheinlich für sein Eigen-Kapital langfristige Sicherheit, statt das Abenteuer an der Börse. Aus der „Krisensicherheit" Ihrer Liefer-Fakten können Sie folgenden Effekt Erzielen: „Damit Sie nach einigen Jahren zumindest einen Wert in Ihrem Leben sicher haben."

Der „eine Wert im Leben" könnte für den Leser auch „Kapital für die Zukunft" sein. Das nehmen wir dann im Agieren-Teil unter Punkt (3) als Antwort auf die Frage „Wer macht was?": „Eine Immobilie sichert Ihr Kapital für die Zukunft."

Durch diesen Lösungs-Satz wissen Sie, dass Ihre Immobilie wahrscheinlich eine „Sicherheits-Anlage" ist und suchen nun an Punkt (4) das passende Gegenteil als Problem für Ihre Spüren-Einleitung, also Beispiele für „Unsicherheit".

Wenn Sie als Leser für Ihr Eigen-Kapital einen guten Hafen suchen, kommen Gold, die Börse und Festgelder ins Spiel. Doch all diese Häfen sind immer auch mit Risiken verbunden. Davon berichten Sie in der Spüren-Einleitung, um den nach Sicherheit suchenden Leser in seinen Ängsten zu bestätigen und um ihn „reif" für die Agieren-Lösung der Immobilen-Investition zu machen: „Geld anzulegen wird immer unsicherer. Die Börsen schwanken, Festgeld-Zinsen liegen unter der Inflationsrate, und ob die Banken den nächsten „Stress-Test" überstehen ist fraglich."

So liegt jetzt vom Spüren über die Lösung des Agieren-Satzes und den Fakten der Lieferung bis zum positiven Ausblick im Erzielen-Schluss-Satz eine SALE-Gedanken-Kette vor Ihnen, die Sie noch etwas ausschmücken können, die aber so bereits den sicherheitsbewussten Leser überzeugen kann.

Was fehlt? Die Headline. Worum geht es? „Immobilien" und „die eigenen vier Wände". Was heißt das? Gibt es im „Volksmund" ein anderes Wort dafür? Wenn man sein Geld solide in Beton angelegt hat, hört man oft den Begriff „Beton-Gold". In den Liefer-Fakten steht „krisensicher". Vielleicht könnte dann die Headline lauten: „Beton-Gold bleibt sicher."

Im letzten Erzielen-Satz steht der Effekt, dass der Leser mit der Immobilie „zumindest einen Wert im Leben sicher hat." Vielleicht ergänzen und verstärken wir die Headline dann mit: „Beton-Gold bleibt sicher. Mindestens ein Leben lang."

Danach folgt der Werbe-Text im SALE-Rhythmus (5–8): S: Geld anzulegen wird immer unsicherer. Die Börsen schwanken, Festgeld-Zinsen liegen unter der Inflationsrate, und ob die Banken den nächsten „Stress-Test" überstehen ist fraglich. A: Eine Immobilie sichert Ihr Kapital für die Zukunft. L: Denn die eigenen vier Wände sind krisensicher und finanzieren sich fast von allein. E: Damit Sie nach einigen Jahren zumindest einen Wert in Ihrem Leben sicher haben.

DIE FLEXI-ANLAGE

So wie in dem vorherigen Text eine Immobilie als solide Alternative zu Aktien verkauft wurde, können Sie mit dem SALE-System auch das Gegenteil verkaufen: Aktien.

Auch hier beginnen Sie wieder an der Station (1) bei den Liefer-Fakten und der Frage: „Welche Inhalte beeindrucken?" Zum Beispiel: „Aktien können täglich gekauft und verkauft werden und erreichen im Durchschnitt mehr Gewinn als die meisten Immobilien."

„Was hat der Leser davon?" Vielleicht machen Sie aus dem Fakt „täglich kaufen und verkaufen" an Punkt (2) den Erzielen-Effekt: „Damit Sie jederzeit frei entscheiden können, wie Sie Ihr Vermögen nutzen und vermehren."

Die „jederzeitige Freiheit" führt Sie dann vielleicht an der Station (3) im Agieren-Teil zu dem Gedanken „flexibel" und damit zu dem Versprechen: „Aktien machen Sie flexibel beim Vermögensaufbau."

So haben Sie mit „flexibel" das zentrale Wort Ihrer Gedanken-Kette gefunden. Aktien sind für Ihren Text die „Flexi-Anlage". Auf dieser Basis suchen Sie jetzt für die Einleitung im Spüren-Teil das Gegenteil: Inflexibilität.

Und damit sind wir automatisch auch bei den „Gegnern" einer Aktie: Festgeld, Gold und Immobilien. Sie sind jetzt kein Freund von Immobilien, sondern versuchen Immobilien als „unflexibel" zu beschreiben. Zum Beispiel durch die starren Finanzierungs-Pläne oder andere Umstände, die mit einer Immobilie verbunden sein können:

„Wie solide ist ‚Beton-Gold', wenn sich das Umfeld plötzlich ändert? Wenn neue Bebauungspläne, Streit unter Besitzern und lange Finanzierungslasten die eigene Immobilie in eine Falle für den sozialen Abstieg verwandelt?"

Für einige Leser dieses Buches ist das vielleicht übertrieben. Dann nehmen Sie andere Gefahren und Probleme aus der Region Ihrer Leser, wie z.B. Hochwasser, Brände, Miet-Vandalismus, Alt-Lasten im Boden und Hochzins-Phasen, die Immobilien in der Folge-Finanzierung zum „Verlust-Bringer" entwickeln können.

Der Text soll nicht alle Leser erreichen, sondern nur die, die von solchen Problemen gehört haben oder im Bekanntenkreis überrascht wurden. Genau diese Leser will der Text für die Lösung im Agieren-Teil gewinnen: „Aktien machen Sie flexibel beim Vermögens-Aufbau."

Wie bei dem „Beton-Gold"-Immobilien-Text haben Sie damit auch bei dem „Flexi-Anlage"-Aktien-Text eine schlüssige aber vollkommen andere SALE-Text-Kette aufgebaut, an deren Ende jetzt nur noch der Anfang fehlt: Die Headline.

„Welche Gegensätze ziehen an?" Aktien und Beton. Der Agieren-Satz lautet: „Aktien machen Sie flexibel beim Vermögens-aufbau." Übernehmen wir den Gedanken für die Headline: „Aktien sind flexibler als Beton."

Danach folgt die bereits geknüpfte SALE-Gedanken-Kette (5–8): S: Wie solide ist „Beton-Gold", wenn sich das Umfeld plötzlich ändert? Wenn neue Bebauungspläne, Streit unter Besitzern und lange Finanzierungslasten die eigene Immobilie in eine Falle für den sozialen Abstieg verwandelt? A: Aktien machen Sie flexibel beim Vermögens-Aufbau. L: Denn Aktien können täglich gekauft und verkauft werden und erreichen im Durchschnitt mehr Gewinn als die meisten Immobilien. E: Damit Sie jederzeit frei entscheiden können, wie Sie Ihr Vermögen nutzen und vermehren.

DIE RÜCKFÜHR-APP

Nehmen wir an, es gibt eine App mit dem Namen „Back", die folgende Liefer-Fakten für die Station (1) mitbringt: „Mit der BackApp können Sie ein Foto vom letzten Standort Ihres Autos, Fahrrads oder anderer Dinge machen und werden später per Karte dorthin zurückgeführt."

„Zurückgeführt", was heißt das? Dass die App dem Leser beim Finden von Objekten hilft, die gesucht werden. So könnte an Punkt (2) der Erzielen-Satz lauten: „Damit Sie schneller das finden, was Sie suchen."

An Punkt (3) machen wir jetzt daraus einen kurzen Agieren-Satz als Lösung für den Leser: „Die BackApp bringt Sie zu dem, was Sie suchen.". Die App ist damit der „Zurück-Finder".

Nun versetzen wir uns an Punkt (4) für die Spüren-Einleitung in die Lage des Lesers. Sicher kennen Sie auch eine solche Situation: „Sie wissen nicht wo Sie Ihr Auto, Fahrrad oder andere Dinge abgestellt haben?"

Nun suchen wir als „Zurück-Finder" für die Headline zwei Gegensätze: Das „Finden" taucht zweimal im Text auf. Nehmen wir das Wort als einen Teil. „Suchen" taucht auch zweimal auf und ist das Gegenteil von Finden. Vielleicht bilden wir aus diesen Gegensätzen die Headline: „Finden ohne zu Suchen."

Anschließend feilen wir von oben nach unten am SALE-Text (5–8): Die bereits gefundene Spüren-Einleitung trifft die Situation schon ganz gut: „Sie wissen nicht wo Sie Ihr Auto, Fahrrad oder andere Dinge abgestellt haben?" Auch die Lösung, also der Agieren-Satz ist bereits ein gutes, kompaktes Versprechen: „Die BackApp bringt Sie zu dem, was Sie suchen."

Doch beim Liefern-Satz stehen wie im Spüren-Satz „Auto, Fahrrad oder andere Dinge". Deshalb schleifen wir jetzt den Liefern-Satz zu: „Machen Sie mit der App ein Foto vom letzten Standort, dann werden Sie später per Karte dorthin zurückgeführt."

Auch der bisherige Erzielen-Satz: „Damit Sie schneller das finden, was Sie suchen" klingt so ähnlich wie der Agieren-Satz: „Die BackApp bringt Sie zu dem, was Sie suchen." Deshalb ändern wir den Erzielen-Satz zum Beispiel in: „Damit Sie schnell wieder dort sind, wo Sie mal waren."

Nochmals im kompletten SALE Rhythmus (5-8): S: Sie wissen nicht wo Sie Ihr Auto, Fahrrad oder andere Dinge abgestellt haben? A: Die BackApp bringt Sie zu dem, was Sie suchen. L: Machen Sie mit der App ein Foto vom letzten Standort, dann werden Sie später per Karte dorthin zurückgeführt. E: Damit Sie schnell wieder dort sind, wo Sie mal waren.

DER KOPIERER-NOTARZT

Nehmen wir an, die Fakten der Lieferung des Kopierer-Service-Dienstes „CopyDoc" heißen: „CopyDoc kommt rund um die Uhr zu Ihnen, hat die wichtigsten Ersatzteile immer dabei und macht Ihren Kopierer so schnell wie möglich wieder fit."

Wen interessiert das? Bei wem bewirkt CopyDoc einen positiven Erzielen-Effekt? Vielleicht sind es gestresste Assistenten der Geschäftsleitung, die nach einem langen Tag der Entwicklung von Charts und Präsentationen Angst davor haben, dass der Kopierer genau dann ausfällt, wenn der Service-Techniker des Hauses schon im Feierabend ist oder erst am nächsten Tag weiterhelfen kann – also, wenn es zu spät ist.

Diesen ängstlichen Mitarbeitern müssen Sie als Erzielen-Effekt mehr versprechen als nur: „Damit der Kopierer wieder funktioniert". Deshalb fragen Sie auch hier: „Was heißt das, dass der Kopierer wieder funktioniert?" Das heißt, dass die Mitarbeiter direkt weiterarbeiten können. Damit haben Sie an Punkt (2) einen guten Erzielen Satz: „Damit Sie direkt weiterarbeiten können."

Die Worte „direkt" und „so schnell wie möglich" führen Sie dann an Punkt (3) zu dem Agieren-Satz: „CopyDoc repariert Kopierer sofort."

Und da Sie aus dem Liefer-Satz wissen, dass CopyDoc „rund um die Uhr zu Ihnen kommt und die wichtigsten Ersatzteile immer dabei hat" können Sie den Agieren-Satz bereits jetzt etwas konkreter schreiben: „CopyDoc repariert Kopierer sofort vor Ort."

Nun suchen Sie wieder an Punkt (4) für den Spüren-Teil das Gegenteil: Eine Situation, in der ein streikender Kopierer die Arbeit eines ganzen Tages wertlos macht, wie z.B.: „Sie haben bis in die Nacht an einer Präsentation gearbeitet, die Sie gerne ausdrucken möchten, als im gleichen Moment der Kopierer streikt."

Für die Headline haben wir mit dem Namen CopyDoc bereits einen Ansatz für zwei Gegensätze: Arzt und Kopierer. Machen Sie CopyDoc zunächst zum „Notarzt für Kopierer".

Welche Nummer wählen Sie, wenn Sie einen Notarzt brauchen? Die Notruf-Nummer 112. Und wenn Sie den „Notarzt für Kopierer" brauchen? Die Nummer des CopyDoc-Service. Vielleicht verbinden Sie die beiden Elemente „Notruf" und „Service-Nummer" zu der Headline: „Der Notruf für Kopierer: 0123 456789"

Der SALE-Text (5–8): S: Sie haben bis in die Nacht an einer Präsentation gearbeitet, die Sie gerne ausdrucken möchten, als im gleichen Moment der Kopierer streikt. A: CopyDoc repariert Kopierer sofort vor Ort. L: Denn CopyDoc kommt rund um die Uhr zu Ihnen, hat die wichtigsten Ersatzteile immer dabei und macht Ihren Kopierer so schnell wie möglich wieder fit. E: Damit Sie direkt weiterarbeiten können.

DIE ENTDECKER-REISE

Nehmen wir an, der Reise-Anbieter „MyTravel24" hätte folgendes Liefer-Argument: „MyTravel24 führt Sie zu Orten, die bisher nur wenige Menschen gesehen haben." Für abenteuerlustige Leser wäre dann vielleicht folgender Erzielen-Effekt interessant: „Damit Sie aus Ihrem Urlaub Geschichten mitbringen, die noch keiner gehört hat."

Was macht also MyTravel24 an Punkt (3) für den Urlaub der Leser? „Orte, die bisher nur wenige Menschen gesehen haben" machen den Urlaub wahrscheinlich spannender als gewöhnliche Urlaube. Also können Sie als Agieren-Satz schreiben: „MyTravel24 macht den Urlaub spannender."

Im Spüren-Teil an Punkt (4) suchen Sie dann nach dem Gegenteil von „spannendem Urlaub". Und sicher kennen Sie aus eigener Erfahrung oder aus den Erzählungen von Freunden, wie ätzend ein langweiliger Pauschal-Urlaub sein kann.

Suchen Sie eine Situation, die keine Lust auf Urlaub macht: zum Beispiel nervendes Kinder-Geschrei, Baulärm oder das Wettrennen um die besten Plätze am Hotel-Pool und die Reservierung der erkämpften Plätze durch Badehandtücher. So kommen Sie an Punkt (4) vielleicht zu dem Spüren-Einleitungs-Erlebnis: „Möchten Sie in den schönsten Wochen des Jahres mehr erleben als die Revierkämpfe am Hotel-Pool?"

Eine Zutat für Ihre Headline finden Sie unter Punkt (2) im Erzielen-Effekt-Teil: „Geschichten, die noch keiner gehört hat". Was heißt das? Zumindest, dass man nach dem Urlaub zuhause Erlebnisse erzählen kann, die andere Menschen bisher noch nie gehört haben. Was heißt „nie gehört"? Vielleicht, dass es neue Geschichten sind. Dann könnte die Headline heißen: „Erzählen Sie mal was Neues!"

Der SALE-Text (5–8): S: Möchten Sie in den schönsten Wochen des Jahres mehr erleben als die Revierkämpfe am Hotel-Pool? A: MyTravel24 macht den Urlaub spannender. L: Denn MyTravel24 führt Sie zu Orten, die bisher nur wenige Menschen gesehen haben. E: Damit Sie aus Ihrem Urlaub Geschichten mitbringen, die noch keiner gehört hat.

DER GELENK-SCHONER

Ein beeindruckendes Argument der Lieferung ist hier: „Der WalkyWay-Schuh enthält mehr Luft in der Sohle als andere Schuhe." Was hat der Leser davon, welchen Effekt wird „mehr Luft in der Sohle" für ihn Erzielen? Zum Beispiel, dass der WalkyWay-Schuh die Gelenke schont oder anders gesagt: „Damit die Knochen geschont bleiben."

Aktiv weitergedacht entsteht so an Punkt (3) der Agieren-Satz: „WalkyWay bringt bequem ans Ziel." Um zu dieser Lösung hinzuführen, brauchen wir jetzt am Punkt (4) im Spüren-Teil wieder das Gegenteil, also unbequeme Momente, in denen der Körper an seine Grenzen kommt.

Jogger sind eine gute Zielgruppe für diesen Schuh. Auch wenn

Sie als Leser dieser Fibel ungern joggen, müssen Sie sich jetzt an Punkt (4) in der Spüren-Phase empathisch in die Lage eines Läufers hinein- „leben". Machen Sie die Augen zu und treffen Sie sich mit ihm zum Laufen.

Beobachten Sie ihn in Gedanken, wie er sich seine bisherigen Lauf-Schuhe anzieht: Es ist frühmorgens, draußen weht ein eisiger Wind. Was treibt den Jogger raus? Vielleicht will er heute seinen Standard-Weg in einer besonders schnellen Zeit schaffen? Der Jogger lebt in einer Großstadt mit harten Wegen. Was heißt „hart"? Beton-hart! Asphalt, Kopfsteinpflaster, eben alles, was ohne Luftpolster unbequem ist und die Gelenke schädigt.

Damit sind Sie bei einer möglichen Spüren-Einleitung, in der Sie den Jogger natürlich duzen, wie es unter Sportlern üblich ist: „Du läufst gegen die Zeit, gegen das Wetter und gegen die härtesten Gegner der Welt: Asphalt, Beton, Kopfstein."

Für die Headline suchen Sie jetzt wieder nach Gegensätzen: Dazu wiederholen Sie immer wieder die Frage „Was heißt das?" Was heißt Asphalt? Straßen, über die der Jogger in der Großstadt laufen muss. Mit dem WalkyWay-Schuh verlieren diese Straßen ihre Härte. „Was heißt das?" Vielleicht finden Sie dann einen Vergleich „als ob man über Moos läuft". Bingo!

Mit dem Begriff „Moos" haben Sie einen Gegen-Pol für die „Straße" gefunden. Was heißt „Moos"? Waldboden. Wenn Sie nun das Moos durch den Waldboden ersetzen, könnte Ihre Headline lauten: „Mach die Straße zum Waldboden!"

Weil Sie aus Ihrem Agieren-Satz an Punkt (3) wissen, dass der WalkyWay-Schuh „bequem ans Ziel bringt", sind „Asphalt, Beton Kopfstein" jetzt keine Gegner mehr. Nur Zeit und Wetter bleiben die einzigen „harten Gegner". Dadurch können Sie den bisherigen letzten Erzielen-Satz „Damit die Knochen geschont bleiben" entsprechend ändern: „Damit für dich die einzigen Gegner nur noch die Zeit und das Wetter sind."

SALE-Text (5–8): S: Du läufst gegen die Zeit, gegen das Wetter und gegen die härtesten Gegner der Welt: Asphalt, Beton, Kopf-stein. A: WalkyWay bringt dich bequem ans Ziel. L: Denn der WalkyWay-Schuh enthält mehr Luft in der Sohle als andere Schuhe. E: Damit für dich die einzigen Gegner nur noch die Zeit und das Wetter sind.

DER SEELEN-BERUHIGER

Die Liefer-Fakten an Punkt (1): „Relaxano Tee enthält Kamille, Salbei und Baldrian." Der Erzielen-Effekt an Punkt (2)? Ent-spannung. Wo? Im Magen. Wo noch? Bei den Gefühlen. Die-ses Wissen bringt Sie zu dem Erzielen-Satz: „beruhigt den Magen und die Seele." Vielleicht schreiben Sie es auch etwas prosaischer: „Damit Ihr Magen die Seele beruhigt."

Der Agieren-Satz an Punkt (3) heißt dann vielleicht statt „Rela-xano Tee beruhigt den Magen und die Seele" komprimierter: „Relaxano Tee entspannt den Tag." Wen könnte diese Lösung, dieses Versprechen interessieren? Leser, die stressige Tage haben. Gießen Sie diese Erkenntnis jetzt bekömmlich auf, in einem emphatischen Spüren-Satz an Punkt (4): „Es gibt Zeiten, in denen Nervosität erst auf den Magen und dann auf die Stim-mung schlägt."

Für Ihre Headline haben Sie jetzt zwei Elemente, die Sie zu einem Gedanken verknüpfen können: „Kamille, Salbei und Bal-drian" aus dem Liefer-Satz und „Nervosität" aus dem Spüren-Satz. Was heißt „Nervosität"? Stress. Und „Kamille, Salbei und Baldrian" gehören zu dem Oberbegriff „Kraut". Also könnte die Headline heißen: „Gegen Stress ist ein Kraut gewachsen." Oder, um die Headline spezifischer zu machen: „Gegen Stress sind drei Kräuter gewachsen."

Vielleicht bekommen Sie nach diesem ersten Text-Versuch die Zusatz-Information für Ihre Lieferung" an Punkt (1), dass die Kräuter aus den Gärten von Kapuziner-Mönchen stammen. Haben Sie schon einmal gestresste Kapuziner-Mönche erlebt? Also könnte die Headline dann lauten: „Warum Kapuziner-Mön-che keinen Stress haben."

Der SALE-Text (5–8): S: Es gibt Zeiten, in denen Nervosität erst auf den Magen und dann auf die Stimmung schlägt. A: Relaxano Tee entspannt den Tag. L: Denn Relaxano Tee enthält Kamille, Salbei und Baldrian. E: Damit Ihr Magen die Seele beruhigt.

DER MÜCKEN-SCHUTZPANZER

Nehmen wir an, das Mücken-Bekämpfungs-Mittel „AntiSumm" beeindruckt mit folgenden Liefer-Fakten: „AntiSumm streichen Sie wie einen Deo-Stick über die Haut und tragen damit sechs Stunden lang einen Icaridin-Schutzpanzer vor lästigen Mücken."

Auf dieser Informations-Basis beginnen Sie an Punkt (2) mit der Suche nach einem relevanten Effekt für den Leser. Fragen Sie sich, wann und wo das Anti-Mücken-Mittel zum Einsatz kommt. Wann kämpft man besonders mit Mücken? In lauen Sommer-Nächten, wenn es dunkel ist und Mücken Licht und Wärme suchen, menschliche Wärme. Vielleicht ist Ihr Erzielen-Effekt dann: „Damit Sie jede Sommer-Nacht im Freien genießen können."

Zusammenfassend können Sie also dem Leser im Agieren-Teil an Punkt (3) die Lösung versprechen: „AntiSumm schützt vor Mückenstichen. Sofort." Anti-Summ ist damit der „Mücken-Schutzpanzer".

Nun denken Sie für den Spüren-Teil an Punkt (4) wieder an das Gegenteil, also an Situationen, in denen die Gefahr von Mückenstichen hoch ist. Vielleicht spielt dabei auch die Akustik eine Rolle. Stellen Sie sich vor, wie Sie nachts draußen auf einem Balkon sitzen, den Sternenhimmel mit einer Pizza genießen und plötzlich dieser spitze, hohe Summton immer näherkommt und Panik erzeugt:

„Der Tag geht, die Hitze bleibt – so wie das Netz von Schweißperlen auf Ihrer Haut. Sie sitzen auf der Veranda, genießen die Pizza. Aber Sie bleiben nur kurz allein. Denn plötzlich kommen sie wieder: Die spitz-kreischenden Mücken-Bohrer der Nacht." Das kennt jeder – und genau damit haben Sie den Leser für Ihre Lösung im Agieren-Satz an Punkt (3) gewonnen: „Anti-Summ schützt vor Mücken-Stichen. Sofort."

Die Inhaltsstoffe für Ihre Headline finden Sie dann wieder in den Fakten, in den kleinen Details rund um Ihre Lieferung". Dort steht, dass Sie das Anti-Mücken-Mittel „wie einen Deo-Stick über die Haut streichen".

So haben Sie die beiden Worte „Haut" und „streichen", die Sie durch die Frage „Was heißt das?" beleuchten können: Was bedeutet die Haut für Mücken? Einen Landeplatz. Und dieser Landeplatz wird nun durch das Auf-Streichen von AntiSumm unattraktiv für Mücken. Man könnte auch sagen: er wird für die Mücken gestrichen. So landen Sie z.B. bei der Headline: „Streichen Sie Mücken den Landeplatz!"

Der SALE-Text (5–8): S: Der Tag geht, die Hitze bleibt – so wie das Netz von Schweißperlen auf Ihrer Haut. Sie sitzen auf der Veranda, genießen die Pizza. Aber Sie bleiben nur kurz allein. Denn plötzlich kommen sie wieder: Die spitz-kreischenden Mücken-Bohrer der Nacht. A: AntiSumm schützt vor Mücken-Stichen. Sofort. L: AntiSumm streichen Sie wie einen Deo-Stick über die Haut und tragen damit sechs Stunden lang einen Icaridin-Schutzpanzer vor lästigen Mücken. E: Damit Sie jede Sommer-Nacht im Freien genießen können."

DER RECHNUNGS-VERSICHERER:

Wenn Sie meinen, dass es in dieser Fibel zu viele „Konsum"-Beispiele gibt: Texten ist „nur" eine Frage der Einstellung. Wenn Sie sich auf das Verkaufen mit Worten konzentrieren, ist es egal, ob Sie diese Worte für Konsum-, Invest-, B2B- oder Privat-Texte nutzen. Wichtig ist, dass Sie am Ende eine Gedanken-Kette haben, die Ihre Leser überzeugt. Das gilt auch für das folgende, etwas kompliziertere Business-Beispiel.

Stellen Sie sich vor, es gibt die Firma „SekuSaldo", die an

Punkt (1) folgende Liefer-Fakten mitbringt: „SekuSaldo bewertet die wirtschaftliche Solidität von Unternehmen und gewährt auf dieser Basis individuelle Kreditlinien bis zu denen Ihr Umsatz gesichert ist, falls etwas schiefläuft."

„Was hat der Leser davon?" Also der Unternehmer, der Angst vor Zahlungsausfällen hat. Für den ist es existenzbedrohend, wenn sich herausstellt, dass der Auftraggeber, für den so lange und intensiv gearbeitet wurde, zahlungsunfähig ist. Weil dann die Einnahmen fehlen, können Löhne nur schwer bezahlt werden, und die ganze Energie des Unternehmens wird durch das Eintreiben von Forderungen, das Schreiben von Mahnungen, die Zeit für Rechtsanwälte und durch notwendige Spar-Maßnahmen geschwächt.

„SekuSaldo" mindert diese Energie-Verschwendung, garantiert die Zahlung und sorgt für ein beruhigendes Happy End: Der Unternehmer muss sich um keine Risiken kümmern, sondern nur noch um die Weiter-Arbeit in seinem Unternehmen. Vor diesem Hintergrund lautet Ihr Erzielen-Satz an Punkt (2) vielleicht: „Damit Sie sich ganz auf Ihre Arbeit konzentrieren können."

Das aktive Lösungs-Angebot der Versicherung können Sie dann an Punkt (3) im Agieren-Satz so zusammenfassen: „SekuSaldo sichert Ihr Geschäft vor Zahlungsausfällen."

Nun „berühren" Sie wieder im Spüren-Satz an Punkt (4) die Sorgen Ihrer Leser, indem Sie sich vorstellen, was dem Unternehmer aus der Seele sprechen könnte. Vielleicht holen Sie ihn mitten in seinem Arbeits-Alltag ab, wenn die ganze Firma alles dafür unternimmt, dass der Auftrag des Kunden termingerecht erfüllt wird: „Sie investieren viel Zeit, Geld und Energie in die Aufträge Ihrer Kunden, ohne zu wissen, ob Sie jemals dafür bezahlt werden?"

Suchen Sie jetzt für die Headline wieder nach zwei Gedanken als Gegen-Pole innerhalb Ihrer gefundenen Worte, damit ein Spannungs-Bogen zum Lesen animiert:

In den Liefer-Fakten steht: „SekuSaldo bewertet die wirtschaftliche Solidität von Unternehmen." Was heißt das? Wahrscheinlich weiß SekuSaldo, welche Unternehmen zahlungsfähig sind und welche nicht. Was heißt das? Dass SekuSaldo auch jetzt, im Moment der Lektüre des Werbe-Textes bereits weiß, ob der Leser bzw. Unternehmer sein Geld bekommen wird – oder umsonst arbeitet.

Setzen Sie die Headline aus diesen beiden Spannungs-Elementen zusammen: „Wir wissen, ob Sie gerade umsonst arbeiten." Damit schaffen Sie eine „Verunsicherung" beim Leser, die dann schneller zur Suche einer Antwort im SALE-Text führt. Außerdem haben Sie mit der Headline jetzt eine neue Vorlage, um den bisher letzten Erzielen-Satz an Punkt (2) zu ändern: „Damit Ihre Energie niemals umsonst war."

Der SALE-Text (5–8): S: Sie investieren viel Zeit, Geld und Energie in die Aufträge Ihrer Kunden, ohne zu wissen, ob Sie jemals dafür bezahlt werden? A: SekuSaldo sichert Ihr Geschäft vor Zahlungsausfällen. L: Denn SekuSaldo bewertet die wirtschaftliche Solidität von Unternehmen. E: Damit Ihre Energie niemals umsonst war.

DER KOMPETENZ-GEBER

Das letzte Beispiel ist nochmals eines meiner ersten Beispiele in dieser Fibel: Der kleine Werbe-Text für das SALE-System. Hier beschreibe ich Ihnen jetzt Schritt für Schritt den Aufbau des Textes in der Reihenfolge des Systems:

Beginnen Sie Ihre Recherche zunächst an Punkt (1) bei Ihrer Lieferung: Bei den Fakten, den Bestandteilen Ihres Angebots und der Frage: „Welche Inhalte beeindrucken?"

Hier könnte das Stichwort fallen: „Text-System", denn das ist die wichtigste „Lieferung", der besondere Inhaltsstoff dieser Fibel. Vielleicht machen Sie aus dem Stichwort unter Liefern schon einen kleinen, ersten Satz: „Sie lernen das Texten per System".

Danach fragen Sie sich im Erzielen-Teil am Punkt (2): „Was hat der Leser davon?", welchen positiven Effekt wird Ihre Lieferung bei Ihren Lesern erzielen?

Überlegen Sie, wer von dem Text-System profitieren könnte, was sich für den Alltag dieser Menschen verbessern wird, z.B. der Effekt: „Damit Sie leichter mit Worten verkaufen".

Formulieren Sie dann auf der Basis dieses Erzielen-Gedankens an Punkt (3) im Agieren-Teil einen kurzen Satz, der zusammenfasst, was Ihr Angebot konkret und aktiv für Ihre Leser als Lösung unternimmt. Vielleicht: „Das SALE-System macht Sie textsicher."

Damit Ihre Leser die Lösung erkennen und „abkaufen", brauchen Sie im vorgelagerten Spüren-Teil an Punkt (4) das passende Problem als Vorbereitung auf Ihren Agieren-Lösungs-Satz.

Suchen Sie dazu nach dem Gegenteil von „Textsicherheit", also nach Situationen, die im Alltag Ihrer Leser Text-Unsicherheit erzeugen. Versetzen Sie sich in die Lage von Menschen, die Texte schreiben und bewerten müssen, aber noch Schwierigkeiten bei der Umsetzung haben. Vielleicht klingt das dann so: „Sie sind unsicher beim Schreiben und Verbessern von Texten?"

Sie berühren Ihre Leser also im Spüren-Teil ganz gezielt mit einer Beobachtung aus deren Alltag, damit das „Hilfs-Angebot" Ihres Agieren-Satzes relevant wird und Überzeugungs-Kraft bekommt. Indem Sie das Problem der Unsicherheit auf- Spüren, machen Sie Ihre Leser reif für die Lösung der Textsicherheit in Ihrer Agieren-Botschaft: „Das SALE-System macht Sie textsicher."

So haben Sie über die Stufen Liefern (1), Erzielen (2), Agieren (3) bis Spüren (4), erste Worte gesammelt, deren wichtigste Funktion es zunächst nur ist, eine logische Gedanken-Kette zu ergeben. Nicht die Qualität der Worte ist bis hierhin wichtig, sondern vor allem die Logik der Reihenfolge. Baut ein Gedanke auf dem anderen auf? Gehört jedes Stichwort zum nächsten?

Nun brauchen wir noch eine Headline. Oft gibt es im Text das Wort „Texten". Außerdem steht im Liefer-Satz, dass Ihre Leser das Texten „lernen". Kann man Texten lernen? Vielleicht gehören Sie auch zu den Menschen, die bisher glaubten, dass man das Texten nicht lernen kann, sondern dafür Talent und Kreativität braucht, aber kein "Lern Schema".

Da ich allerdings davon überzeugt bin, dass Sie mit der Hilfe des SALE-Systems das Texten lernen, „provoziere" ich jetzt mit diesen Gegensätzen in der Headline: „Texten kann man lernen".

Nachdem Sie eine Headline gefunden haben, können Sie Ihre gesammelten Stichworte und Gedanken aus der Recherche-Phase (1–4) entlang der SALE-Gedanken-Kette (5–8) „abarbeiten", also vom einleitenden Spüren-Moment (5) über den Agieren-Lösungs-Satz (6) und die Liefer-Fakten (7) bis zum abschließenden Erzielen-Satz (8).

Für den Fibel-Werbe-Text könnte das zum Beispiel Folgendes bedeuten: Die Spüren-Einleitung bleibt unverändert, weil sie wahrscheinlich schon ganz gut das Problem beschreibt: „Sie sind unsicher beim Schreiben und Verbessern von Texten?"

Bei der Lösungs-Antwort im Agieren-Teil an Punkt (6) könnte statt dem bisherigen Satz „Das SALE-System macht Sie textsicher" noch etwas selbstbewusster stehen: „Das SALE-System macht Sie ohne Vorwissen zum Werbetexter".

Für diese Behauptung kommt anschließend an Punkt (7) der Liefer-Beweis, bei dem Sie jetzt das „System" durch einen „Leitfaden" ersetzen, also statt „Sie lernen das Texten per System": „Der Leitfaden führt Sie Schritt für Schritt zu überzeugenden Texten".

Zum Schluss könnte dann auch der abschließende Erzielen-Teil an Punkt (8) noch etwas konkreter werden. Also zum Beispiel statt „Damit Sie leichter mit Worten verkaufen": „Damit Sie garantiert leichter, texten, werben und verkaufen."

Zusammengefasst: S: Sie sind unsicher beim Schreiben und Verbessern von Texten? A: Das SALE-System macht Sie ohne Vorwissen zum Werbetexter. L: Denn der Leitfaden führt Sie Schritt für Schritt zu überzeugenden Texten. E: Damit Sie garantiert leichter texten, werben und verkaufen.

KEINE ANGST VOR LEEREN SEITEN

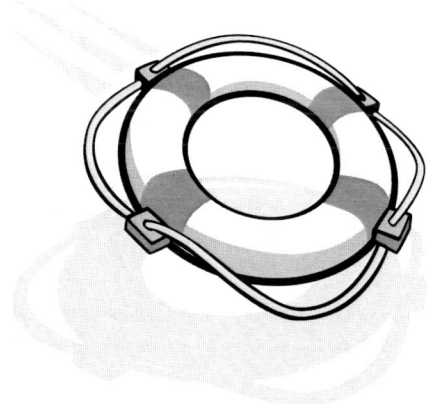

Zum Schluss möchte ich Ihnen die wichtigsten Inhalte dieser Fibel so zusammenfassen, dass Sie immer eine kompakte Vorbereitung für Ihre eigenen Text-Aufgaben parat haben.

Wahrscheinlich wird man Ihnen dafür nicht viel Zeit geben. Bleiben Sie ruhig und holen Sie den Spick-Zettel am Ende der Fibel als Lotsen ins Boot.

Verschwenden Sie keine Zeit für das Warten auf Genie und „Pfiffigkeit". Lassen Sie auch Ihren Computer zunächst ausgeschaltet, denn sonst würden Sie wahrscheinlich als erstes nach einem Text-Anfang suchen. Doch eine „schöne" Einleitung kann für Sie zur Belastung werden, wenn die am Ende nichts mit den Inhalten Ihres Angebotes zu tun hat.

Legen Sie sich den Spick-Zettel neben ein leeres Blatt. Auf dem Papier können Sie leichter als im starren Computer mit lockerer Handschrift einen Fundus an Worten anlegen, den Sie dann später in der SALE-Text-Phase an Ihrem Computer nutzen und feilen.

Unterteilen Sie Ihr leeres Blatt wie auf dem Spick-Zettel von oben nach unten in die vier „Schatz-Kisten" des SALE-Systems: Spüren, Agieren, Liefern, Erzielen. Sammeln Sie dann mit Hilfe der Spick-Zettel-Navigation an jeder Station zunächst nur Halbsätze, Gedanken und Stichworte.

Beginnen Sie Ihre Wörter-Suche bei den Fakten, die Ihr Angebot Liefern kann. Beantworten Sie an der Ziffer (1) die Frage: „Welche Inhalte beeindrucken?", und suchen Sie nach einem Argument, warum man Ihr Angebot nehmen sollte, statt das der Konkurrenz.

Auf diesem Argument aufbauend, folgen Sie der gepunkteten Linie nach unten zur Ziffer (2), dem Ende Ihres späteren SALE-Textes und der Frage: „Was hat der Leser davon?" Also welchen positiven Effekt wird das Argument aus der Lieferung bei Ihrem Leser Erzielen?

Danach formulieren Sie an der Ziffer (3) einen klaren und einfachen Agieren-Satz, der zunächst noch ähnlich klingt wie Ihr Erzielen-Satz, bei dem aber jetzt das aktive Verb besonders wichtig ist. Dieser Satz ist die Lösung für das als nächstes an Ziffer (4) unter Spüren gesuchte Problem Ihres Lesers.

Zur Krönung verbinden Sie zwei Gegensätze aus dem Wörter-Fundus Ihrer Recherche zu einer spannenden Headline.

Wenn dann durch Ihre Antworten auf die Schlüsselfragen der Recherche-Stationen (1–4) eine logische Gedanken-Kette vor Ihnen liegt, schleifen Sie das Reservoir an vorformulierten Worten zu einem flüssigen Text entlang der SALE Stationen (5–8).

Nehmen Sie dazu ein neues, leeres Blatt oder starten Sie Ihren Computer und beachten Sie an jeder Station Ihres SALE-Textes (5–8) noch detaillierter als in der Recherche-Phase (1–4), was jeweils gefragt und wichtig ist:

(5): Spüren: „Wer hat welches Problem?" Denken Sie sich hier als Einleitung für Ihren Text: „Sie kennen das ..."

Betrachten Sie Ihr Angebot aus der Sicht Ihres Freundes, dem Leser. Zeigen Sie Empathie und Mitgefühl. Sehen Sie Leser niemals als Masse oder „Zielgruppe". Texten ist ein Gespräch auf Augenhöhe! Schreiben Sie von Mensch zu Mensch. Auge in Auge mit einer fiktiven Person, die Sie für Ihr Angebot öffnen und gewinnen möchten.

Versetzen Sie sich in die Erlebnis- und Gefühlswelt des Lesers. Schaffen Sie Nähe, Verständnis, Vertrauen. Zeigen Sie durch authentische Erlebnis-Beschreibungen, dass Sie verstanden haben, was den Leser bewegt. Fragen, forschen, wühlen Sie nach dem Problem, das zu der Lösung Ihres folgenden Agieren-Satzes passt.

(6): Agieren: „Wer macht was?" Denken Sie hier: „Das Produkt oder Unternehmen macht das Leben leichter."

Formulieren Sie in einem kurzen Satz Ihr Hilfs-Angebot als „Mission" Ihres Handelns und als Aktivität für den Leser. Konzentrieren Sie sich dabei auf nur eine Lösung. Denn: „Wer alles kann, kann gar nichts." Ihr kompakter Agieren-Lösungs-Satz ist die nützliche Antwort auf den ersten, einleitenden Spüren-Problem-Teil.

(7): Liefern: „Welche Inhalte beeindrucken?" Hier sind jetzt die Fakten Ihres Angebotes als Begründung für Ihre „Mission" aus dem Agieren-Satz gefragt. Deshalb steht hier das Wort „Denn …" über der Suche nach Worten.

Denken Sie dabei immer daran: Die Fakten und Inhalte Ihres Angebotes sind grundsätzlich besonders. Selbst, wenn Mitbewerber das Gleiche sagen könnten, fragen Sie sich, ob andere es bereits sagen und damit werben. Graben Sie tiefer, hinterfragen Sie die „Lieferung", ätzen Sie an der Oberfläche, suchen Sie in den Tiefen der Fakten nach Details, die noch keiner gefunden hat.

Stellen Sie an der Liefer-Station immer wieder die Schlüsselfrage jeder Überzeugungsarbeit: „Warum ich und nicht die anderen?" Warum sollte man Ihr Angebot nehmen, statt das der

Konkurrenz? Nerven Sie mit der Frage: „Was heißt das?", damit Worte zum Vorschein kommen, die Ihr Angebot verständlich machen. Spricht mehr als ein Grund für Ihr Angebot, schreiben Sie niemals mehr als drei kurze Fakten-Happen als Bullet-Points.

(8): Erzielen: „Was hat der Leser davon?" Da es der letzte Satz Ihres SALE-Textes ist, suchen Sie hier nach einem „Happy End" für den Leser unter dem Gedanken: „Damit Sie oder Ihr Unternehmen oder Ihre Abteilung ein leichteres Leben haben".

Bitte schreiben Sie das nicht so ab, sondern suchen Sie nur in diesem Sinne nach Worten. Fassen Sie die Bedeutung Ihres Angebots emotional in einem Positiv-Effekt zusammen, den der Leser mit Ihrem Angebot wahrscheinlich erzielen wird. Beschreiben Sie, wie sich nach dem Einsatz des Angebotes das Leben des Lesers nachhaltig verbessern wird. Machen Sie Lust auf diese Veränderung. Denn dafür wurde Ihr Angebot geschaffen: „Damit das Leben besser wird." Beziehen Sie sich dabei auf den Text-Anfang, also auf das gefundene Problem, das sich jetzt mit der Nutzung des Angebotes in Wohlgefallen auflöst.

So habe ich Ihnen hoffentlich zeigen können, dass Texten nur wenig mit Inspiration zu tun hat, aber viel mit Transpiration. Vertrauen Sie immer darauf, dass Sie die richtigen Worte finden, wenn Sie sich zunächst um Ihre Lieferung kümmern und diese mit den Fragen beleuchten: „Warum mein Angebot und nicht das der Konkurrenz?", „Welche Fakten beeindrucken?" und als Schlüssel-Frage an alle gesammelten Worte: „Was heißt das?"

Wenn Sie dann an der zweiten Station nicht an sich oder Ihren Auftraggeber denken, sondern fragen: „Was hat der Leser davon?" kommen Sie fast automatisch auf den richtigen Weg entlang der SALE-Stationen.

Üben Sie den Weg immer wieder privat und im Beruf, dann wird das SALE-System für Sie langsam aber sicher zu einem berechenbaren Handwerk für das Knüpfen von Gedanken-Ketten, die relevant und plausibel sind und als Vorlage dienen, für Worte, die passen, überzeugen, werben und verkaufen.

Wie am Anfang geschrieben: Das SALE-System hat keinen Anspruch auf Alleingültigkeit. Es wird immer Vorgesetzte, Kunden und Mitmenschen geben, die Kommunikation mit anderen Maßstäben entwickeln und bewerten. Doch wenn Sie keine Zeit haben, auf Genie und Eingebung zu warten, kann das SALE-System zuverlässig Ihre Gedanken und Worte ordnen.

Nutzen Sie dazu den folgenden Spick-Zettel als Ping Pong Partner. Ich hoffe, dass Sie mit ihm an Ihrer Seite etwas entspannter in Ihre nächsten Text-Aufgaben gehen. Dabei wünsche ich Ihnen ähnlich viel Freude beim Schreiben wie ich es immer wieder spüre, wenn der Kampf mit der leeren Seite zur Tanz-Stunde der Worte wird.

Viel Erfolg auf Ihren Wegen!

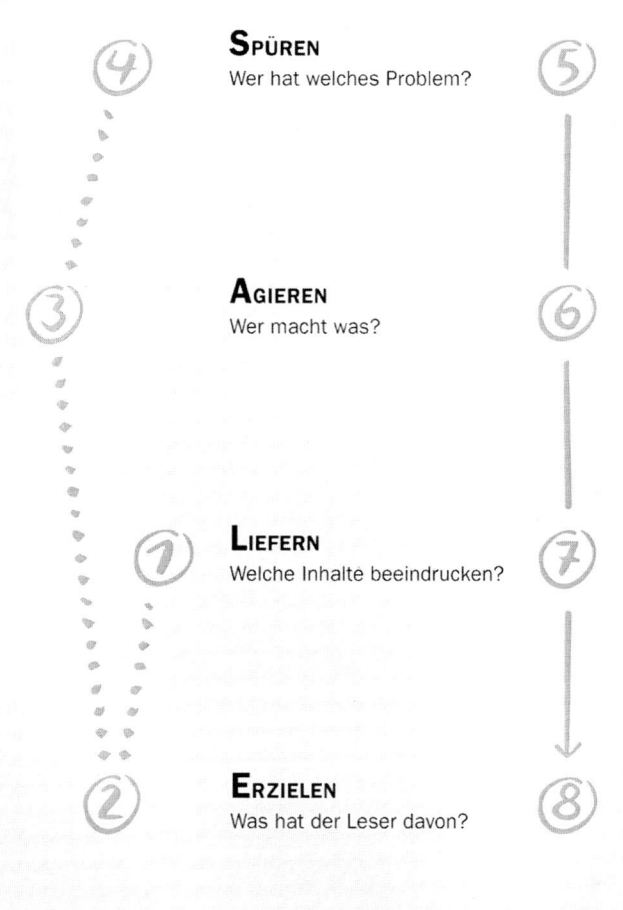

SPÜREN
Wer hat welches Problem?

AGIEREN
Wer macht was?

LIEFERN
Welche Inhalte beeindrucken?

ERZIELEN
Was hat der Leser davon?